Qualität im Dialog entwickeln

- Reformen erfordern den Konsens mit den Beteiligten
- Demokratische kultur wird eingeübt, indem sie ausgeübt wird
- Kultur: learning by doing kultur wird gelebt nicht gelernt

**Kronberger Kreis für Qualitätsentwicklung
in Kindertageseinrichtungen**

Qualität im Dialog entwickeln

Wie Kindertageseinrichtungen besser werden

Kallmeyer'sche Verlagsbuchhandlung

Die Reihe TPS profil wird herausgegeben
von der Evangelischen Bundesarbeitsgemeinschaft
für Sozialpädagogik im Kindesalter e. V. (EBASKA)

Die Deutsche Bibliothek – CIP-Einheitsaufnahme

Qualität im Dialog entwickeln:
Wie Kindertageseinrichtungen besser werden
hrsg. vom Kronberger Kreis für Qualitätsentwicklung in Kindertages-
einrichtungen
Seelze, Kallmeyer'sche, 1998
ISBN 3-7800-5701-8

Redaktion: TPS – Theorie und Praxis der Sozialpädagogik
Titelgestaltung: Beate Franck-Gabay
Druck: Jütte Druck, Leipzig. Printed in Germany
ISBN 3-7800-5701-8

1. Vorwort   7

2. Einleitung   13

    Wie wir uns Qualitätsentwicklung vorstellen   13

    Wie man den eigentümlichen Charakter erzieherischer Praxis
verstehen kann   17

    Wie man Qualität in der Kindertageserziehung bestimmen kann   19

3. Dimensionen und Indikatoren von Qualität   27

    Qualitative Grundorientierungen (GO)   27

    Programm- und Prozessqualität (PPQ)   29

    Leitungsqualität (LQ)   51

    Personalqualität (PQ)   58

    Einrichtungs- und Raumqualität (E+RQ)   66

    Trägerqualität (TQ)   73

    Kosten-Nutzen-Qualität (KNQ)   79

    Förderung von Qualität (FQ)   84

4. Wie man in der Praxis das Kronberger Konzept
zur Qualitätsentwicklung nutzen kann   89

    Wie kann die Kronberger Qualitätsentwicklung gelesen werden?   89

    Wie ist die Kronberger Qualitätsentwicklung aufgebaut?   91

    Wie kann man anfangen?   93

    Wie kann man das Kronberger Qualitätsentwicklungskonzept
weiter nutzen?   95

5. Fachkräfte-Selbst-Befragung im Bereich
der Kindertageserziehung   97

6. Anhang   105

    Glossar   105

    Literatur   111

    Dank   116

    Die Autorinnen und Autoren   119

1. Vorwort

Seit Anfang der siebziger Jahre haben viele tausend Erzieherinnen, zunächst im Westen und später auch im Osten, daran mitgewirkt, den deutschen Kindergarten aus dem Schattendasein früherer Zeiten herauszuholen und ihn konzeptionell so zu gestalten, dass er – unter der Voraussetzung, dass dieses Konzept auch verwirklicht wird – sich international mit an vorderer Stelle sehen lassen kann. Man muss diese Leistung der beteiligten Erzieherinnen umso höher einschätzen, als sie unter eher widrigen Bedingungen erzielt wurde: trotz einer im internationalen Vergleich bescheidenen Ausbildung, nur sporadischer Fort- und Weiterbildungsmöglichkeiten, unzureichender Rahmenbedingungen, mangelnder beruflicher Perspektiven und fehlender Anreize für gute Arbeit.

Bewegungsimpulse kamen in der Regel von außen: der Streit um die Zuordnung der Fünfjährigen, der Paragraph 218 mit dem Rechtsanspruch auf einen Kindergartenplatz, die Wiedervereinigung und der Geburtenrückgang in den neuen Bundesländern. Einige dieser Anstöße wurden mit Modellversuchen beantwortet – sie kulminierten im (fast) bundesweiten Erprobungsprogramm in der zweiten Hälfte der siebziger Jahre, das den Situationsansatz als konzeptionelle Grundlage des Kindergartens herausarbeitete. Nach dem Ende solcher zeitlich befristeten Projekte drohte aber immer wieder die Gefahr des Versickerns erzielten Fortschritts. Heute können wir relativ klar erkennen, woran es lag: Erstens daran, dass die Ergebnisse überregional bedeutsamer Modellversuche in den Praxiseinrichtungen nicht überregional implementiert wurden; dass zweitens die flankierenden Teilsysteme – die Aus-, Fort- und Weiterbildung, die Träger, die Fachaufsicht, die Verwaltungen – in diesen Implementationsprozess überregional nicht nachhaltig eingebunden wurden; dass drittens materielle und immaterielle Anreize fehlten, um Erzieherinnen zu motivieren, auch jenseits von Modellversuchen ihre Arbeit dauerhaft an erarbeiteten Qualitätsstandards zu orientieren.

Will man nicht auf neue äußere Anlässe warten, die – in neue Projekte übersetzt – wiederum nur zeitlich und regional begrenzte Bewegung ins Feld bringen würden, muss man versuchen, auf eine in Richtung Qualitätsentwicklung und -sicherung zielende Bewegung von innen zu setzen. Dazu müssen vier Dinge zusammenkommen:

Erstens sind Qualitätsstandards zu formulieren – und zwar in Kenntnis der deutschen Reformgeschichte und nicht jenseits davon. Die Kindergartenreform (Kitas eingeschlossen) hat ihr eigenes pädagogisches Konzept entwickelt, das eine vorzügliche Ausgangsbasis für die Formulierung von Qualitätsstandards bietet. Dies schließt nicht aus, dass dieses Konzept fortentwickelt und beispielsweise entwicklungspsychologisch differenziert wird. Es lässt auch eine komplementäre, inhaltlich passende Verwendung trägerspezifischer sowie internationaler Standards zu. Abzulehnen ist aber eine neue Beliebigkeit, die daherkommt, als habe die von vielen Erzieherinnen getragene Reformgeschichte kein Gewicht, als könne man im kurzatmigen Turnus immer mal wieder neue (manchmal auch uralte) Konzepte auf den Markt werfen. Es ist an der Zeit, dass die Kleingärtnerei in diesem Bereich ein Ende findet und die Kräfte vereint werden.

Zweitens bedarf es einer internen wie externen Evaluation, um die Umsetzung von Qualitätsstandards zu überprüfen. Evaluation ist hier nicht als bedrohlich geschwungenes Damoklesschwert gemeint, sondern als sozial verträglicher Wettbewerb, als Dialog über Stärken und Noch-nicht-Stärken mit der Einladung, die Stärken zu sichern und in entwicklungsfähigen Bereichen besser zu werden. Diese dialogische Evaluation darf nicht missbraucht werden, um finanzielle Kürzungen zu legitimieren, vielmehr soll gute Arbeit belohnt werden. Es wird in Zukunft sinnvoll sein, externe Evaluation von einer unabhängigen, kompetenten Institution (eine Art Stiftung Warentest) vornehmen zu lassen. Wichtig ist hierbei, dass sich nicht etwa nur Praxiseinrichtungen einer wiederkehrenden Evaluation unterziehen, sondern auch die übrigen Teile des Systems „Tagesbetreuung", also die Aus- und Fortbildung, die Fachberatung und -aufsicht, die Träger und Verwaltungen. Denn es steht außer Zweifel, dass die Qualität der Arbeit in den Praxiseinrichtungen wesentlich von der Qualität der zuarbeitenden übrigen Institutionen und Gruppen abhängt und Qualitätsdefizite im Prinzip auch dort ausgemacht werden können.

Drittens sind materielle und immaterielle Anreize zu schaffen. Es muss sich lohnen, gute Arbeit zu leisten. Zu den berechtigten Klagen vieler Erzieherinnen, die sich an den Reformentwicklungen aktiv beteiligten, gehört, dass sich später kaum jemand für die Qualität ihrer Arbeit interessiert habe, dass es aber nicht egal sein dürfe, ob jemand auf Dauer besser oder schlechter arbeite. Und auch für Träger, für die Aus- und Fortbildung, die Fachberatung und -aufsicht sind Qualitätsstandards nicht nur zu formulieren und zu evaluieren, sondern auch mit Anreizen zu koppeln. Mittel sollten künftig nicht mehr nur noch nach dem Gießkannenprinzip vergeben werden, die fachliche Kompetenz gleich welcher Institution sollte nicht automatisch und unbefragt unterstellt werden.

Viertens ist den Praxiseinrichtungen ein wesentlich größerer Autonomiespielraum zuzugestehen. Zum Beispiel: Es sollte künftig möglich sein, über einen Gesamthaushalt zu disponieren, Akzente zu setzen und ein eigenständiges Profil zu entwickeln. Die Möglichkeit, sich durch Erweiterung des Dienstleistungsangebots zusätzliche Mittel zu erwirtschaften, sollte selbstverständlicher werden. So wie Träger Einrichtungen aufgeben können, sollten Einrichtungen – bei mangelhaftem Preis/Leistungsverhältnis beispielsweise – auch Träger kündigen können. Die Tendenz, dass sich Einrichtungen verselbständigen, sollte deutlich unterstützt werden. Monopolartige Trägerstrukturen sollten durch mehr Wettbewerb und einen leichteren Zugang neuer Träger aufgebrochen werden. Solche Freiheiten stellen das notwendige Gegengewicht zur Kontrollfunktion einer externen Evaluation dar.

Im Zusammenhang dieser Diskussionen ist auch diese Veröffentlichung entstanden. Nicht nur Projekte der siebziger Jahre, sondern auch solche der achtziger und vor allem der neunziger Jahre haben zur Qualitätsentwicklung beigetragen. Die zweite überregionale Reformbewegung zu Beginn der neunziger Jahre wurde mit dem westdeutschen Projekt „Orte für Kinder"[1] eingeläutet. Dieses Projekt, in der wissenschaftlichen Verantwortung des Deutschen Jugendinstituts, antwortete auf eine Neuorientierung der Rolle, die institutionelle Kinderbetreuung im Leben von Kindern einnimmt, und suchte im Verbund mit anderen Angeboten für Kinder und ihre Familien nach intelligenten Lösungen einer bedarfsgerechten Angebotsstruktur. Inhaltlich unumstritten war die konzeptionelle Fortentwicklung am Situationsansatz orientiert, der damit eine weitere Profilierung erfuhr.

Die heute fünfundzwanzigjährige, eng mit dem Situationsansatz verknüpfte Reformgeschichte im Bereich der Kindertagesbetreuung ist in Hessen besonders wichtig gewesen. Und es überrascht nicht, dass auch die Diskussion um die Qualität der Kindertageserziehung in einem en-

---

1 Vgl. Deutsches Jugendinstitut (Hg.): Orte für Kinder, München 1994.

gen Zusammenhang mit den Ergebnissen der langjährigen Projektge-schichte und den aktuellen Erkenntnissen von „Orte für Kinder" steht.[2]

Spätestens mit dem Projekt „Orte für Kinder" und dem assoziierten Hessischen Projektring wurde der Rolle der Fachberatung für die Ent-wicklung und Stabilisierung innovativer Prozesse vor Ort eine beson-dere Bedeutung beigemessen. Fachberatung als Praxisbegleitung und -beratung wurde zur Schaltstelle im Prozess einer sich verändernden Landschaft der Kinderbetreuungsangebote und der damit verbunde-nen Anforderungen an die pädagogischen Fachkräfte. Im Hessischen Projektring arbeiteten Fachberaterinnen und -berater mit einem Mode-ratorenteam zusammen und suchten in diesem Kontext auch nach We-gen der eigenen Weiterqualifizierung.

„Organisationsentwicklung und Sozialmanagement" hieß die vom Hessischen Ministerium für Umwelt, Energie, Jugend, Familie und Ge-sundheit finanzierte Fortbildung, die sich diese Gruppe mit Prof. Dr. Reinhart Wolff (Alice-Salomon-Fachhochschule Berlin) organisierte. Am Ende der Veranstaltung beschloss die Gruppe weiterzuarbeiten und Kriterien für eine Qualitätssicherung und -entwicklung in Tagesein-richtungen zu formulieren. Das hier vorliegende Konzept ist das Er-gebnis dieses Vorhabens. In der hessischen Stadt Kronberg fand sich die Gruppe zu ihren ersten Treffen zusammen; der Ort gab ihr den Namen.

Was charakterisiert dieses Konzept?

Es handelt sich um eine Qualitätsbeschreibung, die den Situations-ansatz als Bezugsrahmen anerkennt, die über seine Kennzeichen hinaus offen ist für ergänzende, konzeptionell kompatible Aspekte. Neben pädagogischen Sichtweisen flossen Erfahrungen des Qualitätsma-nagements im sozialen Bereich in die Arbeit der Gruppe und eben auch in die Formulierungen des Materials ein.

Das vom Kronberger Kreis entwickelte Konzept will dazu beitragen, Qualität zu entwickeln. Das kann nur erfolgen, wenn Qualitäten als sol-che definiert, gewollt, überprüft und gesichert werden. Die Gruppe ver-steht die formulierten Qualitätsstandards, die auf Konsensbildung set-zen, als Anregung und Wegweiser, die eigene Arbeit zu überprüfen und mit den Beteiligten weiterzuentwickeln. Mit dem Material werden

---

2 Vgl. Hessisches Ministerium für Umwelt, Energie, Jugend, Familie und Gesundheit (Hg.): Orte für Kinder. Erfahrungen und Impulse aus Hessen. Wiesbaden 1996.

Fenster geöffnet, dabei können der Blick in die Ferne und die Sicht auf die nächste Nähe deutlicher werden.

Die Materialien des Kronberger Kreises sind ein Beitrag, den andere Beiträge ergänzen. Im Blick auf den Situationsansatz sind hier vor allem die Qualitätsstandards zu nennen, die aus den Erfahrungen und Ergebnissen des Projekts „Evaluation des Erprobungsprogramms" und „Kindersituationen" gewonnen werden können.[3] Letzteres Projekt hatte von 1993 bis 1997 die Weiterentwicklung der pädagogischen Arbeit in Kindertagesstätten in sechs Bundesländern (darunter den fünf neuen) zum Ziel. Seine externe Evaluation wurde von der Forschungsgruppe „Kinder heute" der Universität Landau durchgeführt.[4] Die drei genannten Projekte haben wichtige Schritte in Richtung einer Operationalisierung des Situationsansatzes unternommen. Eine Einladung, sich an der gemeinsamen Formulierung von Qualitätsstandards zu beteiligen, richtet sich an weitere Projektgruppen, die sich in der jüngeren Vergangenheit in nationalem oder internationalem Rahmen um die Formulierung solcher Standards bemüht haben. Auch die Erzieherinnen, die Träger, die Institutionen der Aus- und Fortbildung, die Fachberatung und -aufsicht sowie die Jugendbehörden sind ausdrücklich eingeladen, sich an der Entwicklung von Standards, von dialogischen Evaluationsverfahren und Anreizsystemen zu beteiligen. Der Konsens über die Spielregeln ist die Voraussetzung jener „inneren Bewegung", die nicht mehr auf äußere Anlässe angewiesen ist.

Prof. Dr. Jürgen Zimmer
Freie Universität Berlin
Direktor der Internationalen
Akademie
(INA gGmbH)

Rita Haberkorn
Kronberger Kreis

3 Vgl. Zimmer, Jürgen/Preissing, Christa/Thiel, Thomas/ Heck, Anne/Krappmann, Lothar: Kindergärten auf dem Prüfstand. Dem Situationsansatz auf der Spur. Kallmeyer'sche Verlagsbuchhandlung. Seelze-Velber 1997 und Zimmer, Jürgen (Hg.): Kindersituationen erkennen – Handlungsfähigkeit gewinnen. Ravensburger Buchverlag 1998.

4 Wolf, Bernhard/Conrad, Susanne/Lischer, Petra: Erhebungsmethoden der „externen empirischen Evaluation" des Modellversuchs „Kindersituationen". Verein für empirische Pädagogik 1997.

2. Einleitung

Wie wir uns Qualitätsentwicklung vorstellen

Überall in der Kindertageserziehung wird inzwischen über Qualität gesprochen. Es werden Fortbildungen durchgeführt und Konferenzen veranstaltet. In Büchern und Fachzeitschriften wird das Thema behandelt und es fällt zunehmend schwer, der angefachten Debatte überhaupt noch auszuweichen. Es gibt offenbar Diskussionen, „die haben die Unwiderstehlichkeit einer Dampfwalze," hat Burkhard Müller dazu prägnant in seinem Buch „Qualitätsprodukt Jugendhilfe" formuliert[5]. Dampfwalzen sind imponierend. Sie können aber auch alles platt machen. Jedenfalls ist die Debatte über Qualität in der pädagogischen Praxis, wie überhaupt im Sozial-, Bildungs- und Gesundheitswesen, widersprüchlich. So spielen in der Diskussion Interesse und Abwehr eine Rolle; es werden Fragen nach der Qualität pädagogischer Arbeit, wie überhaupt sozialer Dienstleistungen, nicht nur immer dringlicher gestellt, sondern auch als suspekt kritisiert. Es gibt es in der Qualitätsdiskussion widersprüchliche Ziele: Das Interesse an Innovation und Reform steht neben den Bemühungen um Kosteneinschränkung und bloße Rationalisierung.

Es sind diese Widersprüche, die sich in Anbetracht des nunmehr bundesweit geltenden Rechtsanspruches auf einen Kindergartenplatz für jedes Kind noch verschärft haben. Es droht nicht allein eine „McDonaldisierung" der Kindertageserziehung – also die Durchsetzung vereinheitlichter Kurz- und Billigangebote auf niedrigem Niveau – sondern die regelrechte Spaltung des gesamten Systems. Angesichts unübersehbarer öffentlicher Haushaltsprobleme besteht die Gefahr, dass da und dort zwar Qualitätsnischen (die mit extremen Beiträgen der Eltern gesichert werden müssen) entstehen, die Kindertageserziehung in ihrer Breite jedoch gleichzeitig verelendet.

Wir im Kronberger Kreis sehen diese Konflikte durchaus. In unterschiedlichen Formen haben wir uns mit ihnen seit Jahren auseinander gesetzt. Dennoch neigen wir dazu, die Chancen, die die Qualitätsdis-

---

5 Müller, Burkhard: Qualitätsprodukt Jugendhilfe. Kritische Thesen und praktische Vorschläge. Freiburg im Breisgau 1996.

kussion in der Kindertageserziehung eröffnet, zu betonen. Wir alle sind mehr oder weniger an der Reformbewegung der 60er und 70er Jahre beteiligt gewesen, die die wesentlichen Impulse für die „neue Kindertageserziehung" in der Bundesrepublik gegeben hat. Und wir sind weiter an produktiven Veränderungen in der Kindertageserziehung interessiert.

Einige von uns haben über Jahre Modellversuche zur Kindergartenreform entwickelt und begleitet, andere haben sich als Fachberaterinnen und Fachberater sowie leitende pädagogische Fachkräfte für die konkrete Veränderung des pädagogischen Alltags eingesetzt oder haben in der Ausbildung von Erzieherinnen und Sozialpädagogen und in der erziehungswissenschaftlichen Forschung nach neuen Wegen gesucht. Wir trafen 1995 am Ende des Modellprojekts „Orte für Kinder" in Hessen zusammen und überlegten: Wie kann man die Erfahrungen aus den Reformprojekten in der Kindertageserziehung weitergeben? Wie kann man Reformen attraktiv machen und vorantreiben? Wie kann man fachliche Innovationen anzetteln und die Professionalität im pädagogischen Berufsfeld reflektieren – trotz einer weit verbreiteten Resignation? Wie kann man beste Fachpraxis entwickeln? Und: Wie kann man das lernen?

Unser Ansatzpunkt war also durchaus ein anderer, als uns die neuen „Qualitätsspezialisten" vor allem aus betriebswirtschaftlicher Sicht nahelegen, nämlich Qualität nurmehr von außen festzustellen, zu messen und zu bewerten. Wir propagieren also nicht, Messlatten einfach höher zu legen (obwohl wir in der pädagogischen Praxis sicher guten Grund haben, besser zu werden). Wir wollen auch nicht behaupten, dass es mit dem Verteilen von Noten oder Qualitätssiegeln getan ist. Mit unserem Engagement für Qualitätsentwicklung wollen wir die Konkurrenz unter den Kindertageseinrichtungen, die sowieso niemand außer Kraft setzen kann, nicht noch weiter anheizen. Auch ist es nicht unser Anliegen, Qualitätsstandards allein durch Fremd-Evaluation (durch Untersuchung und Bewertung von außen) sichern zu wollen.

Wir sind vielmehr an Qualitäts-*Entwicklungen* interessiert. Wir fragen:
- Wie kann man lernend Veränderungen unterstützen?
- Wie können wir an die Veränderungsdynamik anschließen, die sich schon mit der permanenten Entwicklung der Kinder unaufhaltsam von Tag zu Tag ergibt?

Wir wollen mit denjenigen, von denen Qualität im wesentlichen abhängt, den Fachkräften, den Nutzern (Eltern und Kinder) und Trägern von Kindertageseinrichtungen, ins Gespräch kommen. Um deren Entwicklung und Zufriedenheit geht es uns vor allem. Deswegen nennen wir das vom Kronberger Kreis entwickelte Verfahren auch ein Konzept zur dialogischen Qualitätsförderung in Tageseinrichtungen für Kinder. Wir distanzieren uns also von der bloßen Bewertung, von der Rationalisierung und Effektivierung heutiger Kindertageserziehung. Wir wollen die Klärung ihrer Standards, Kriterien und Verfahren, kurz: *Qualitätsentwicklung im Dialog*.

Eine solche Diskussion über Qualitätssicherung und Qualitätsentwicklung und die Frage, wie wir sie am besten entfalten können, ist natürlich viel mehr als eine bloße Modeerscheinung. Die Entwicklung der beruflichen Profile selbst hat sie in Gang gesetzt. Offenbar sind wir in den modernen Dienstleistungsberufen an einem kritischen Punkt angelangt. Mit der großflächigen Ausdehnung gesundheitlicher, sozialer und pädagogischer Einrichtungen – und im Kindergartensektor haben wir die Vollversorgung erreicht – stellt sich nicht nur die Frage nach den vertretbaren Kosten, sondern ebenso die nach der Güte und dem Wert der erbrachten Leistung. Die Qualität einer Leistung bemisst sich nämlich nicht allein nach den Kosten, die für die Bezahlung einer benötigten Arbeitskraft (also beispielsweise einer Erzieherin) und der eingesetzten Sachmittel (für's Frühstück, die Heizung oder die Bastelarbeit) aufgebracht werden müssen. Wenn die gesamte nachwachsende Generation von professionellen Kräften in öffentlichen Einrichtungen betreut, gebildet und erzogen wird, erhält die Kindertagesbetreuung eine enorme gesellschaftliche Bedeutung. Ihre Qualität bemisst sich daher auch danach, ob sich die Dienstleistung insgesamt sehen lassen kann, ob sie die nach Lage der Dinge beste Fachpraxis darstellt, ob sie von Eltern und Kindern gewollt und geschätzt wird, ob sie bei den Trägern und der weiteren Öffentlichkeit akzeptiert und anerkannt wird.

Einer solchen Bewertung müssen sich alle Berufe stellen, beanspruchen sie doch gegenüber den Bürgern, den Laien, eine besondere Kompetenz, ein Wissen und ein Können, die sie in der Regel in längeren Ausbildungen erworben haben. Das heißt: Sobald man eine gesellschaftliche Aufgabe beruflich organisiert, stellt sich die Frage nach der Qualität, allein aus Gründen der beruflichen Selbsterhaltung, nicht immer sofort, aber doch schließlich immer dringlicher. Die Verberuflichung der Erziehungspraxis selbst setzt also die Frage nach der Qualität auf die Tagesordnung. Die pädagogischen Fachleute müssen nämlich beweisen können, dass sie das, was früher die Laien selbst (aus Neigung, Erfahrung und Tradition) mehr oder weniger gut besorgten und inzwischen, im Zuge des gesellschaftlichen und wirtschaftlichen Wandels (mit immer weiterer Arbeitsteilung und außerhäuslicher Erwerbstätigkeit), nicht mehr leisten können, fachlich kompetent und zur Zufriedenheit derer ausführen, die die Dienste nachfragen.

Die aktuelle Herausforderung an die Kindertageserziehung besteht also darin, dass es erst jetzt zu einer vollständigen Professionalisierung gekommen ist. Aus der privaten, vorberuflichen, neben- und teilberuflichen Kindererziehung ist nun – und insbesondere mit der Entwicklung der Kindertageserziehung zu einem Regelangebot für tendenziell alle Kinder – eine voll professionalisierte Tätigkeit geworden. Umso mehr müssen die pädagogischen Fachleute nun zeigen und belegen, was sie können, müssen sie eine hohe Güte ihrer Arbeit garantieren. Das gilt in noch stärkerem Maße, wenn die sozialen und pädagogischen Dienstleistungssysteme in einer Haushaltskrise stecken, und wenn gefragt wird, ob wir uns das alles noch leisten können. Denn was beruflich erbracht wird, muss ja bezahlt werden, verlangt nicht nur Einsatz und Hingabe, sondern verursacht Kosten. Die aber müssen finanziert werden. Wer dabei aus dem Vollen schöpfen kann, muss nicht so genau hinsehen. Wem aber die Haushaltsmittel knapper werden oder gar fehlen, kann sich einer kritischen Betriebsprüfung nicht weiter verschließen, sonst verschärft sich der Druck. Darum ist nun überall folgende Erwartung zu beobachten: Die Fachleute sollen nicht nur gut arbeiten; sondern sie sollen jetzt ihre Arbeit gleichzeitig billiger und besser machen. Kein Wunder, dass hier viele Fachkräfte skeptisch sind und den Kräften des Marktes sowie den neuen Verwaltungsreformern und Qualitätsmanagern mit ihren glatten Evaluations- und Steuerungsmodellen nicht trauen. Das ist verständlich, zumal vielen unklar ist, um welche „Produkte" es denn nun geht, was, d. h. welche „Praxis", überhaupt „evaluiert" und „gesteuert" werden soll.

Wie man den eigentümlichen Charakter erzieherischer Praxis verstehen kann

Erziehung stellt eine personale, eine von Personen an Personen erbrachte, Dienstleistung dar. Als berufliche Praxis ist sie mit anderen beruflichen Tätigkeiten (z. B. im Chemielabor oder an der Fertigungsstraße eines Automobilwerkes) nicht ohne weiteres zu vergleichen. Sie ist eine Praxis besonderer, nicht-instrumenteller Art. Sie muss man zu allererst verstehen, wenn man feststellen und entwickeln will, was beste Fachpraxis ist. Ohne ein angemessenes Praxisverständnis wird man jedenfalls der Aufgabe der Evaluation und Entwicklung von Qualität nicht gerecht.

Wir fragen: Was ist der eigentümliche Charakter erzieherischer Praxis? Was müsste eine Theorie über die Besonderheit sozialpädagogischer Tätigkeit herausstellen?

Wir antworten: Wenn sie ein personales Geschehen, ein Handeln im Beziehungsfeld ist, muss man sich ganz grundsätzlich klarmachen, dass Menschen keine Maschinen sind. Sie kann man nicht einfach wie einen technischen Apparat „einstellen" oder nach Plan „bearbeiten". Pädagogische Fachkräfte sind insofern keine Erziehungstechniker oder -ingenieure (obwohl auch moderne Techniker und Ingenieure sich nun auch eher als kreative Erfinder und flexible Bastler verstehen). Erzieherinnen und Erzieher wirken in einem kommunikativen Feld, in dem sie spontan handeln, sprechen und empfinden. Es ist dies ein komplexes Beziehungsgeschehen einer Gruppe, die sich selbst strukturiert, die Verhaltensmuster und Regeln ausbildet und sich gleichzeitig mit eigentümlicher Dynamik verändert. Im pädagogischen Feld beobachten und bewerten, beeinflussen und verändern sich alle Beteiligten gegenseitig. Was geschieht, ist wortwörtlich „einzigartig", ist gebunden an die jeweilige Situation, die beteiligten Personen und die jeweils gegebenen Verhältnisse, an ihre besonderen Voraussetzungen ebenso wie an spontan sich ergebende neue Ereignisse. Dabei weist diese Praxis eine besondere, nämlich unumkehrbare, Zeitstruktur auf. Es gibt in humaner Praxis keine Wiederholungen. Das macht jeden Versuch einer Beeinflussung und Veränderung zu einem einzigartigen Vorgang, der zugleich widersprüchlich, komplex, unsicher, ja geradezu „chaotisch" sein kann und der stets von Wert- und Interessenskonflikten gekennzeichnet ist.

Erzieherische Praxis ist von dieser Komplexität grundsätzlich bestimmt. Sie ist nie einseitig, sondern hat immer ein Gegenüber, ist dialogisch. Humane Praxis macht man nicht allein. Empfänger pädagogischer Leistungen und Hilfen leisten immer auch selbst etwas, arbeiten selbst, sind Empfänger und Geber zugleich. Pädagogische Praxis ist daher notwendigerweise eine Ko-Operation. Erziehung ist nur möglich, wenn sich zwei oder mehrere Personen begegnen (Subjekte und Objekte, wobei der eine dem anderen Subjekt und Objekt und umgekehrt Objekt und Subjekt sein kann). Erziehung kommt überhaupt nur zustande, wenn beide eine situative Übereinstimmung erzielen, zusammenpassen, sich aufeinander beziehen, um sich zu verselbständigen, ein gegenseitiges Verändern im Milieu des anderen ermöglichend.

In einem solchen Feld professionell zu handeln, heißt Beziehungen spontan und mit Überlegung gestalten. Erzieherische Fachkräfte bringen in ihrem Handeln eher wie ein Künstler etwas hervor, lassen etwas szenisch entstehen, indem sie zugleich denken, empfinden und handeln – nicht in der Weise, dass sie dabei Regeln oder Wissen „anwenden", sondern dass sie einen Handlungszusammenhang in der Kommunikation miteinander erzeugen und ihn zugleich laufend experimentell überprüfen. Es ist dies ein Überlegen im Handlungsvollzug – „reflection-in-action", wie es der amerikanische Praxistheoretiker Donald Schön genannt hat.[6]

Erzieherische Praxis ist grundsätzlich komplex. Sie ist vielschichtig, von unterschiedlichen Kräften und Faktoren bestimmt. Ihre Ziele sind in einer demokratischen Gesellschaft nicht weniger komplex: Sie zielt auf Autonomie und Gemeinschaftsfähigkeit ebenso wie auf Individualisierung und Gemeinsamkeit, auf Bedürfnisbefriedigung und Kompetenzerweiterung, auf die Förderung der Freiheit und der Bürgerrechte wie des Gemeinsinns und der solidarischen Verpflichtung, auf Engagement für den gerechten Ausgleich und den sozialen Zusammenhalt in der Gesellschaft, nicht zuletzt auf die Bewältigung destruktiver Aggression und die Überwindung gegenseitiger Neigung zu Ausgrenzung und Vernichtung.

6 Schön, Donald A.: The Reflective Practitioner. How Professionals Think in Action. Basic Books, New York 1983.

Wie man Qualität in der Kindertageserziehung bestimmen kann

Die so bestimmten Ziele moderner Kindertageserziehung sind allerdings nicht selbstverständlich. Sie sind nicht „einfach" Gegebenheiten oder „vorgegebene Tatsachen". Sie müssen vielmehr – und dies gilt zugleich für alle Bestimmungen und Begriffe von Qualität – immer wieder neu reflexiv erzeugt und ausgehandelt werden. Über sie muss stets neu diskutiert und entschieden, sie müssen inhaltlich immer wieder neu gefasst werden.

Freilich hat sich im Laufe der Zeit ein konkretes Praxiswissen, eine Erfahrung, herausgebildet, was wir (in breiter Übereinstimmung) „gute" oder sogar „beste" Fachpraxis nennen könnten. Trotz einer solchen mehr oder weniger übereinstimmenden Fachmeinung können wir dennoch nicht eindeutig angeben, wie solche Standards jeweils in der Praxis umzusetzen wären. Es führt darum auch nicht sehr weit, wenn man Qualität einfach begrifflich zu bestimmen, zu „definieren" oder zu „setzen" versucht und Qualitätsmeßlatten oder methodische Erhebungs- und Einschätzungsraster oder -skalen erfindet. Dabei bleibt man nämlich in einer eindimensionalen Außensicht verhaftet, die den Wechselwirkungen und dem kaleidoskopischen Charakter pädagogischer Praxis grundsätzlich nicht gerecht wird. Abgesehen davon wird man mit einseitigen normativen Qualitätsbestimmungen und Untersuchungsrichtungen (vom Beobachter zum beobachteten Objekt und nicht auch umgekehrt) den Anforderungsdruck für die Erziehungspraxis nur verstärken und unkontrollierbare Abwehrreaktionen bei den Beobachteten hervorrufen. Wie man jedoch weiß, kann man ein Kaleidoskop in verschiedene Richtungen drehen, die Beobachteten beobachten auch die Beobachter. Anstelle der objektivistischen Einbahnstraße (vom Beobachter zu den Beobachteten) ist es fruchtbarer, Qualität inter-kommunikativ, also zwischen den Beteiligten, zu thematisieren und zu problematisieren, sie im Dialog aller Beteiligten in Frage zu stellen, zu bedenken und zu untersuchen, vor allem jedoch sie zu erfinden.

Das gelingt eher – und damit formulieren wir allgemeine beziehungsmäßige Qualitätskriterien – wenn wir unsere Praxis an den folgenden Gesichtspunkten, die im wesentlichen Grundorientierungen und Haltungen der Fachkräfte darstellen, orientieren:

■ wenn wir in unserer Praxis kontaktfreudig sind
■ wenn wir in unserer Praxis klienten- oder nutzerfreundlich sind

- wenn wir in unserer Praxis methodisch kompetent sind
- wenn wir unsere Praxis klug reflektieren
- wenn wir in unserer Praxis konkret engagiert sind (praktisch an der Sache, vor Ort, am Problem „dran", erfinderisch und materialreich informiert)
- wenn wir in unserer Praxis kontext-orientiert sind (die Situation, die Einflüsse und Bedingungen mit ins Auge fassen)
- wenn wir in unserer Praxis die effektiven Ergebnisse im Blick haben und bereit sind, vom Erfolg zu lernen, anstatt in Misserfolgen und selbst produzierten Schwierigkeiten steckenzubleiben.

Qualität pädagogischer Dienstleistungen können wir, über solche Orientierungen und Haltungen der Fachkräfte hinaus, auf weiteren Ebenen bestimmen, wie ja überhaupt einsichtig sein dürfte, daß die Kindertageserziehung als komplexes Praxisgeschehen nach komplexen, mehrdimensionalen Qualitätsperspektiven verlangt: nach qualitativen und quantitativen Einschätzungen ebenso wie nach Evaluationsperspektiven von innen und außen, von oben und unten bzw. in struktureller oder prozessualer Hinsicht.[7]

Der Kronberger Kreis für Qualitätsentwicklung in Kindertageseinrichtungen schlägt zur Untersuchung und Förderung von Qualität in Kindertageseinrichtungen eine Herangehensweise aus mehrfachen Perspektiven vor. Wir empfehlen einen thematischen und methodischen Konzeptwechsel in der Erforschung pädagogischer Praxis: Wir führen gewissermaßen systematisch eine dritte Perspektive ein. Wir erweitern eine ein- oder zweidimensionale Sicht um die Perspektive des gemeinsamen Dritten. (Wir sehen z. B. die Erzieher-Kind-Beziehung in ihrem Verhältnis zu den Eltern.) Wir sprengen einfache Bezüge, „plattes" Denken auf. So gewinnen wir Weite und Tiefe in unserem Verstehen und Erkennen. Das gilt in zeitlicher Hinsicht (z. B. das Verhältnis von Gestern, Heute und Morgen betreffend) ebenso wie in Hinsicht auf den Kontext.

Die theoretische Grundlage für diese Sichtweise hat der amerikanische Sozialökologe Urie Bronfenbrenner[8] geschaffen. Wir wollen sie mit

---

7 Vgl. die inzwischen umfangreiche Literatur (Anhang);
zu den Evaluationsperspektiven – besonders Hartmann, Waltraud/
Stoll, Martina: Mehr Qualität für Kinder. Wien: ÖBV 1996.

8 Vgl. Bronfenbrenner, Urie: Die Ökologie der menschlichen Entwicklung. Frankfurt am Main 1989.

den beiden folgenden Grafiken veranschaulichen. Beispielsweise zeigen die Grafiken mit ihren doppelten Dreiecken der Beziehungsachsen von oben und unten und innen und außen und der mehrdimensionalen Sicht auf das Kind die Wechselwirkungen und Einbettungen auf.

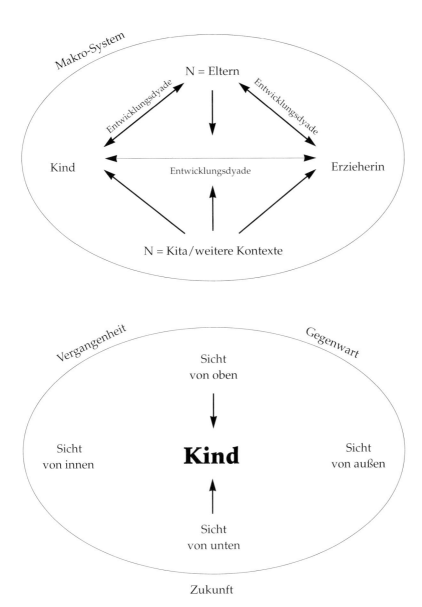

Wenn wir von Qualitätsdimensionen sprechen (statt von Elementen bzw. Definitionen von Qualität) wollen wir deutlich machen, dass es uns um Räume des Verstehens, um verschiedene Richtungen der Wahrnehmung und des Denkens geht – um intellektuelle Rahmen des Verstehens.

Wir stellen die folgenden Qualitätsdimensionen heraus:

(1) Die Ebene des Bedarfs und der Nachfrage

Hier geht es um die Fragen: Welche pädagogischen Dienstleistungen brauchen wir für unsere Kinder? Welche wollen wir haben? Welche können wir uns (noch) leisten? Wieviel sind wir bereit, dafür zu zahlen? In welchem Umfang brauchen wir dafür öffentliche Unterstützung und Förderung? Es ist dies die Ebene der Bedürfnisse und Möglichkeiten der Familien, der Eltern und Kinder, der Nutzer von Kindertageseinrichtungen.

(2) Die Ebene der Angebote, Ziele, Mittel und Möglichkeiten der Einrichtungen

Hier geht es um die Fragen: Was wollen und müssen die Träger der Kindertageseinrichtungen anbieten, nicht zuletzt, soweit sie gesetzlich dazu verpflichtet sind? Welche Zielvorgaben werden gemacht? Wie können die Angebote finanziert werden, d. h. welche Mittel und Möglichkeiten stehen für die Angebote der Kindertageserziehung zur Verfügung? Es ist dies die Ebene der Rolle der Jugendhilfeträger, der öffentlichen Verwaltungen und der freigemeinnützigen Träger sowie der örtlichen und überörtlichen politischen Gremien.

(3) Die Ebene der beruflichen Praxis

Hier geht es um die Fragen: Welche fachlichen Aufgaben und Ziele stellen sich die Fachkräfte? Unter welchen Voraussetzungen und mit welchen Fähigkeiten machen sie ihre Arbeit und mit welchen fachlichen Mitteln und Methoden gestalten sie sie? Wie nutzen sie die konkreten Alltagssituationen für die Entwicklung und Förderung der von ihnen betreuten Kinder? Was bewirken sie? Wie effektiv sind sie dabei? Welche Ergebnisse erzielen sie? Es ist dies die Ebene der Struktur-, Prozess- und Ergebnisqualität pädagogischer, d. h. personaler und beziehungsmäßiger, Praxis.

Auf allen diesen Ebenen ist die Frage nach der Qualität der pädagogischen Dienstleistungen in der Kindertageserziehung zu stellen. So können wir fragen:

▩ Werden die besten fachlichen Ansprüche realisiert?

▩ Entspricht das pädagogische Leistungsangebot der Leistungsnachfrage, d. h. dem Bedarf der Kinder und Eltern? Ist das, was wir in der Kindertageserziehung anbieten und leisten, im Interesse unserer „Kundschaft"?

▩ Werden die Ergebnisse der pädagogischen Praxis empirisch verlässlich dokumentiert und stellen wir die Ergebnisse unserer Arbeit fest? Evaluieren wir sie, wissen wir, ob die Nutzer (die Kinder wie auch die Eltern) und die Fachkräfte innerhalb und außerhalb der Einrichtung und nicht zuletzt die Träger mit den Ergebnissen zufrieden sind?

▩ Werden die pädagogischen Dienstleistungen kosteneffizient, d. h. zu einem günstigen Preis angeboten? Verfügen wir über ein angemessenes Management und Controlling?

Alle diese Fragen sind nicht vom Himmel gefallen. Sie sind immer nachhaltiger gestellt worden, weil sich die Strukturprobleme moderner Dienstleistungssysteme einfach nicht mehr übersehen ließen. Auch im Bereich der Kindertageserziehung sind sie zu beobachten.[9]

Wir sehen die folgenden Schwierigkeiten auch in der pädagogischen Fachpraxis:

▩ Die Angebote werden einfach vorgehalten, ohne klare Zielbestimmung und Ergebnisfeststellung (Input- statt Outputorientierung).

▩ Die Sachverantwortung ist von der Ressourcenverantwortung getrennt, die pädagogische Praxis hat mit Wirtschaften und Management nichts zu tun (feudales Verwaltungsprinzip).

▩ „Arbeitsbezogene Ordnungsmäßigkeit" steht im Vordergrund der beruflichen Praxis anstatt einer das Ganze umgreifenden „Qualitätsorganisation", in die alle Beteiligten einbezogen sind (hierarchische Anordnungsverhältnisse statt kreativer Kooperation aller Prozessbeteiligten).

▩ Weit verbreitet ist ein leitungsloses Fortsetzen, was schon immer gemacht wurde, anstatt Programme und Prozesse verantwortlich neu

---

9 Vgl. auch: Kommunale Gemeinschaftsstelle für Verwaltungsvereinfachung (KGSt) (Hg.): Das Neue Steuerungsmodell. Begründung, Konturen, Umsetzung. Bericht Nr. 5/1993, Köln. Siehe auch die Überlegungen von Burkhard Müller: a. a. O. dazu.

zu erfinden und überlegt weiterzuentwickeln (Management- und Innovationslücke).

▨ Eine dienstrechtliche und fachaufsichtliche Kontrolle und Festlegung der Fachkräfte steht in der Personalführung im Vordergrund, anstatt die Mitarbeiterinnen und Mitarbeiter attraktiv zu motivieren und ihre Qualifizierung zu fördern (Motivations- und Qualifikationslücke).

▨ Die Angebote werden oft ohne die Nutzer oder sogar gegen sie entwickelt und ihnen fehlt nicht selten die klare Unterstützung und der sichere Rückhalt durch die zuständigen politischen Gremien (Legitimitätslücke gegenüber den Bürgerinnen und Bürgern).

An diesen Problemlagen setzt die inzwischen immer breiter werdende Bewegung zur ständigen und intensiven Qualitätsverbesserung (Total Quality Management) pädagogischer, gesundheitlicher, sozialer Praxis an, ist Qualitätsentwicklung überhaupt nur denkbar mit kritischem Problembezug, verlangt sie die Auseinandersetzung mit Konflikten und Interessen, fordert sie die fachliche Kontroverse und den Streit geradezu heraus.

Vielfältige Problemlagen einer grundsätzlich komplex strukturierten Praxis verlangen eine mehrdimensionale Konstruktion von Qualitätsbestimmungen. Wir formulieren sie zuerst allgemein und bestimmen Qualität auf sieben zentralen Prozessebenen oder -bereichen, von denen ein gutes Leistungsangebot abhängt:

▨ Programm- und Prozessqualität (PPQ)
▨ Leitungsqualität (LQ)
▨ Personalqualität (PQ)
▨ Einrichtungs- und Raumqualität (E+RQ)
▨ Trägerqualität (TQ)
▨ Kosten-Nutzen-Qualität (KNQ)
▨ Förderung von Qualität (FQ)

Die Qualität wird in drei Schritten untersucht:

(1) Wir arbeiten allgemeine Gesichtspunkte heraus, die beste Fachpraxis kennzeichnen und die unseres Erachtens mit guten Gründen, die wir freilich im einzelnen nicht darlegen, als zentrale Qualitätsstandards gelten können.

24

(2) Dann formulieren wir im nächsten Schritt jeweils erkenntnisleitende Fragen, die die allgemeinen Gesichtspunkte aufgliedern und eine Qualitätsuntersuchung in einer bestimmten Einrichtung orientieren können.

(3) Schließlich geben wir Hinweise auf konkrete Indikatoren, Merkmale, die gute Fachpraxis anschaulich beschreiben bzw. anzeigen.

Alle drei Schritte (die Formulierung allgemeiner Qualitätsstandards, orientierender Untersuchungsfragen und konkreter Merkmale) sollen die kritische Selbstbeobachtung, das kreative Experiment, die Reflexion im Handlungsvollzug anregen und eine materialreiche Ergebnisdokumentation und -sicherung in Kindertageseinrichtungen fördern.

Das Kronberger Konzept der Qualitätsentwicklung ist als Anregung gedacht. Es ist ein Vorschlag zum gemeinsamen Nachdenken in Team, damit es gelingt, aus der Tageseinrichtung für Kinder (und damit meinen wir alle Einrichtungsformen für das ganze Altersspektrum bis ca. 14 Jahre) eine sich selbst ständig verändernde Organisation zu machen. Dann sind wir auf dem Weg zu einer lernenden Organisation. Pädagogische Praxis bester Qualität muss sich immer wieder neu erfinden. Wir verstehen unseren Beitrag als Anregung, die eigene Arbeit kritisch zu überprüfen und eigenständig im Dialog aller Beteiligten weiterzuentwickeln, um insbesondere mehr Zufriedenheit und größere Anerkennung bei Kindern und Eltern, Erzieherinnen und Erziehern, aber auch bei den Trägern sowie in der Öffentlichkeit zu erreichen.

In der Zusammenarbeit mit anderen, im Bündnis mit Kolleginnen und Kollegen gelingt dies besser. Das gilt auch für uns selbst. Wir sind daher für jede Kritik und Anregung zur Verbesserung des Konzepts und des Verfahrens der Kronberger Qualitätsentwicklung dankbar. Qualitätsentwicklung ist nur im Dialog chancenreich.

3. Dimensionen und Indikatoren von Qualität

Qualitative Grundorientierungen (GO)

Es handelt sich um konzeptuelle Orientierungen, die übergreifend für alle Qualitätsdimensionen von Bedeutung sind. Sie markieren für uns die wesentlichen Eckpunkte entwickelter Qualität, von Programm und Praxis einer Kindertageseinrichtung.

GO 1   Freundlichkeit als persönliche Grundhaltung

Die Fachkräfte sind freundlich. Sie sind kinder-, eltern-, kollegen- und überhaupt kundenfreundlich und -interessiert. Sie sind in ihrem Verhalten offen und einladend, zugewandt und solidarisch. In dieser Haltung kristallisiert sich Qualität.

GO 2   Partizipation/Partnerschaftlichkeit als strategisches Ziel

Es werden alle Beteiligten partnerschaftlich einbezogen. Ihre Mitwirkung ist erwünscht und wird ermutigt. Kinder, Eltern, Fachkräfte und die Träger, aber auch Interessierte und Engagierte aus dem Gemeinwesen und der weiteren Öffentlichkeit werden eingeladen, in der Kindertageseinrichtung mitzuwirken.

GO 3   Integration

Die Kindertageseinrichtung macht ein integratives, nicht-selektives Angebot, das sich an alle Kinder und Familien in einer bestimmten Region richtet, unabhängig von ihrer kulturellen Verschiedenheiten, alters- und bedürfnismäßigen Unterschiede und Problemlagen.

27

GO 4 Kontextorientierung

Kinder werden grundsätzlich im Kontext ihrer Lebensgeschichte und in ihren Lebens- und Beziehungswelten gesehen und verstanden, die aktiv zu unterstützen ein wesentliches Anliegen der Kindertageseinrichtung ist.

GO 5 Bedarfsorientierung

Das Leistungsangebot ist bedarfsgerecht und beruht auf einer konkreten empirischen Bedarfsermittlung. Es greift die Wünsche und Interessen im Gemeinwesen, der Eltern und Kinder sowie der Gemeinden programmatisch und konkret auf.

Programm- und Prozessqualität (PPQ)

Im Spannungsfeld zwischen festgezurrtem Programm auf der einen und unverbindlicher Beliebigkeit auf der anderen Seite geht es uns hier um eine reflektierte, täglich geübte Balance zwischen Planung und permanenter, kreativer Neuerfindung pädagogischer Prozesse. In der Kindertageseinrichtung, die Entwicklungsraum für alle Beteiligten ist, geht es um die Balance zwischen der Anwendung von erlerntem Wissen und dem alltäglichen kreativen Experiment. Gegen Manipulation und Instrumentalisierung der Kinder setzen wir beziehungsmäßige Offenheit. Gegen die starre Festlegung und Planung erzieherischen Handelns setzen wir die kritische Reflexion der Programme und Prozesse in Kindertageseinrichtungen – nicht zuletzt von Macht und Herrschaft im pädagogischen Handeln, in der Einrichtung selbst, sowie im weiteren gesellschaftlichen und politischen Feld.

PPQ 1   Befriedigung körperlicher Grundbedürfnisse

Die Einrichtung ermöglicht und fördert die Befriedigung der körperlichen Grundbedürfnisse von Kindern. Sie bietet Raum für Versorgung und Pflege, für Körpererleben und kindliche Sexualität, für Bewegung und Aktivität, für Erholung und Ruhe.

Wie werden die Nahrungsbedürfnisse der Kinder erfüllt?
– Frühstück, Mittagessen und Nachmittagsvesper werden in ausreichender Form angeboten.
– Kinder haben die Möglichkeit, sich selbst Mahlzeiten zuzubereiten, auch außerhalb regulärer Essenszeiten.

Wie wird der Lebenszusammenhang der Kinder bei der Befriedigung ihrer Nahrungsbedürfnisse berücksichtigt?
– Die Fachkräfte kennen die Essenssituation und -gewohnheiten der Kinder.
– Besondere Speisevorschriften besonderer Kinder (z. B. ausländischer oder kranker Kinder) werden beachtet.

– Väter und Mütter können mitessen.
– Auch andere Kinder können mitessen.

Von welcher Qualität ist die Zubereitung der Nahrung?
– Das Essen ist reichhaltig, frisch, vollwertig, und wird nach ernährungs-
  wissenschaftlichen Gesichtspunkten zubereitet.
– Qualifiziertes hauswirtschaftliches Personal steht zur Verfügung.
– Die pädagogischen Fachkräfte sind an Fragen gesunder Ernährung
  interessiert.

Wie werden die Kinder bei der Versorgung mit Nahrung und der Zubereitung beteiligt?
– Die Kinder können die Essenszubereitung beobachten.
– Die Kinder beteiligen sich aktiv bei der Speisenauswahl, dem Ein-
  kauf und der Zubereitung.
– Kinder können zwischen verschiedenen Speisen wählen.
– Kinder haben das Recht zu essen und zu trinken, wenn sie Hunger
  oder Durst haben.
– Die Kinder bedienen sich selbst und entscheiden allein, wieviel und
  was sie essen wollen.
– Die Kinder werden aufgefordert, sich zur Qualität des Essens zu
  äußern; ihre Einschätzungen und Wünsche werden bei der Essens-
  planung und -zubereitung berücksichtigt.

Wie wird die Esskultur in der Einrichtung gestaltet?
– Das Essen wird im Hause zubereitet.
– Das Essen wird als sozialer Akt verstanden und als genussvolle In-
  teraktion zwischen mehreren Personen gestaltet (z. B. mit Ritualen,
  Tischkultur, Dekorationen, entsprechendem Geschirr).
– Die Fachkräfte essen mit den Kindern in möglichst kleinen Gruppen.
  Essgewohnheiten und -formen werden thematisiert.

Wie wird die Befriedigung der Bewegungsbedürfnisse der Kinder erfüllt und gefördert?
– Kinder können sich frei und selbstbestimmt bewegen, drinnen und
  draußen.
– Die Ausstattung der Einrichtung regt auf vielfältige Weise zur Bewe-
  gung an.
– Es besteht die Möglichkeit zu großräumigen Bewegungen.

Welches Konzept zur Anregung und Förderung von Bewegung besteht in der Einrichtung?

– Es gibt altersgemäße, regelmäßige, täglich bzw. wöchentlich stattfindende verlässliche Bewegungsangebote zur Förderung des Wohlbefindens von Kindern.

– Sie zielen auf die Bewegungsförderung von einzelnen Kindern wie von Gruppen.

– Bewegungsspiele werden auch als Gelegenheiten genutzt zu lernen, nämlich Dimensionen in Raum und Zeit zu verstehen: unten und oben, schnell und langsam, hoch und tief, groß und klein, nah und entfernt, allein und gemeinsam.

– Die Fachkräfte entwickeln gemeinsam mit den Kindern Regeln, die das Bewegungsverhalten orientieren.

– Die Fachkräfte sind selbst aktiv und in Bewegung – sie machen mit.

– Die Fachkräfte reflektieren das eigene Bewegungsbedürfnis und -verhalten und das ihrer Kinder.

Wie werden die Räume zur Befriedigung der Erholungs- und Ruhebedürfnisse der Kinder ausgestattet und genutzt?

– Es gibt Raum zur Erholung und Ruhe.

– Kleine gestaltete Nischen, „Traumzimmer", Liegemöglichkeiten, Kissen und Decken sind vorhanden.

– Kinder können sich jederzeit individuelle Plätze für Ruhe und Erholung wählen.

Wie werden die Bedürfnisse nach Ruhe und Erholung erfüllt?

– Es gibt das Recht zu schlafen bzw. sich auszuruhen, wenn das Kind müde ist, ohne den Zwang schlafen zu müssen.

– Die Kinder können in ihrer Bezugsgruppe oder in einer ihnen vertrauten Gruppe ruhen.

– Der Ruhebereich ist leise und frei von Störungen.

– In der Ruhephase gibt es Möglichkeiten zu Ritualen, Musik, Geschichten, Meditationen.

Wie gehen die Fachkräfte mit den Bedürfnissen nach Ruhe und Erholung um?

– Sie interessieren sich für die Ruhe- und Erholungsbedürfnisse der Kinder und kennen ihre vielgestaltigen Ausdrucksformen (zwischen Langeweile und Hyperaktivität).

– Sie kennen ihre eigenen Ruhe- und Erholungsbedürfnisse und können in der Beziehung zu den Kindern eigene Ruhe- und Erholungsbedürfnisse zulassen.

**Sind die Räume der Einrichtung geeignet, ein lustvolles Körpererleben
zu fördern?**
– Es gibt großzügig gestaltete Bereiche, die einladen, den eigenen Kör-
per lustvoll wahrzunehmen, zu spüren und zu pflegen.
– Die Räume sind einladend und warm. Duschen, Badewannen und
Waschbecken sind leicht zugänglich und ermöglichen situativ, indi-
viduell und gemeinsam ein lustvolles Spielen und Erleben.
– Auch außerhalb der Waschräume bestehen Möglichkeit mit Wasser,
Erde und Feuer umzugehen.
– Die Körperwahrnehmung der Kinder wird im Spiel gefördert (zei-
gen, verstecken, berühren, betasten, verkleiden, entkleiden, schmin-
ken, inszenieren, gestalten).

Welche Rolle spielt die Körperpflege im Alltag der Einrichtung?
– Die Fachkräfte unterstützen (im Gegensatz zu speziellen Sauber-
keitsritualen) die Körperpflege der Kinder unter Berücksichtigung
des jeweiligen Entwicklungsalters der Kinder; sie regen an und begleiten die Kinder beim Versuch, Selbstständigkeit zu gewinnen (Gang
zur Toilette, Reinigung und Pflege der Zähne, Sorge für die körperliche Sauberkeit).
– Die Fachkräfte berücksichtigen und schützen die Pflegebedürfnisse
besonderer Kinder (Säuglinge und Kleinkinder, Kinder mit Handi-
caps, kranke Kinder, Kinder mit besonderen kulturellen Mustern, in
besonderen Entwicklungsabschnitten).
– Die Fachkräfte verstehen die Körperpflege sowohl als lustvolle als
auch hygienische Erfahrung.
– Die eigene Körperpflege ist den Fachkräften ein wichtiges Anliegen.

**Wie wird die kindliche Sexualität in der Einrichtung wahrgenommen
und zugelassen?**
– Die Kinder können in der Einrichtung ihre kindlichen Sexualitäts-
und Zärtlichkeitsbedürfnisse leben; wofür es Orte und Gelegenheiten zu unbeobachtetem Miteinander und Spielen gibt (Schmusen,
Doktorspiele, Hochzeitsspiele, Kinderkriegen).

– Die Fachkräfte reagieren positiv auf Liebes- und Zärtlichkeitswünsche ihrer Kinder, denen sie mit Einfühlungsvermögen und Zuneigung begegnen. Zugleich ziehen sie eine Grenze zwischen erwachsenen und kindlichen Liebesbedürfnissen und respektieren die geltenden kulturellen Normen (Beachtung individueller und gesellschaftlicher Schamgrenzen und des Verbots von Sexualität zwischen Erwachsenen und Kindern).
– Die kindliche Schaulust und sexuelle Neugier wird als Grundlage des kindlichen Wissenstriebs verstanden und unterstützt (Gespräche, Bilder/Fotos, Zeichnungen, Geschichten, Filme, Lieder, künstlerische Gestaltung).

PPQ 2 Entwicklungsfördernde Gestaltung von Beziehungen

Die pädagogischen Prozesse fördern die Selbstständigkeit, die Gemeinschaftsfähigkeit und die Solidarität der Kinder. Sie setzen an den bestehenden Bindungserfahrungen der Kinder an und entwickeln diese weiter. Dabei achten die Fachkräfte bestehende individuelle, soziale und kulturelle Unterschiede, deren Integration in einem Ganzen sie jedoch zugleich anstreben.

Werden pädagogische Prozesse grundsätzlich so arrangiert, dass sie kindlichen Bemühungen um Selbsttätigkeit Zeit und Raum geben und sie aktiv fördern?
– Kinder können Spiele und Materialien ohne die Hilfe von Erwachsenen erreichen und auswählen.
– Kinder werden ermuntert, alltagspraktische Tätigkeiten möglichst selbstständig auszuführen (z. B. Tisch decken, Anziehen, Blumen gießen etc.).
– Die tägliche Zeitgestaltung orientiert sich an den Bedürfnissen und am Tempo der Kinder.
– Die Angebote der Fachkräfte achten und berücksichtigen grundsätzlich die kindlichen Interessen und Bedürfnisse in ihren vielfältigen Ausdrucksformen.
– Kinder haben in der ganzen Einrichtung Spielräume und Bewegungsfreiheit. Sie können Rückzugsmöglichkeiten frei wählen.

Werden Gelegenheiten geschaffen, die Lust an gemeinschaftlichem Handeln fördern und solidarisches Denken und Handeln anregen?
– Freundschaften unter Kindern werden grundsätzlich (auch gruppenübergreifend) respektiert und unterstützt.
– Kontaktbedürfnisse und -bemühungen von Kindern werden erkannt und unterstützt.
– Es gibt regelmäßig verbindliche Treffen unterschiedlicher Neigungsgruppen bzw. von Bezugsgruppen (z. B. Stammgruppen), die wechselseitiges Wahrnehmen und das gegenseitige Kennenlernen von Kindern anregen und festigen.
– Alltagsregeln (z. B. Schuhe wechseln, Hände waschen, Mitarbeit in der Küche, Verabredungen der Kinder) werden gemeinsam mit Kindern ausgehandelt. Sie orientieren sich an den Grundrechten der einzelnen und den Bedürfnissen der Gemeinschaft.
– Streitigkeiten werden als normal und als Chance entwicklungsfördernder Identitätsfindung und als Anfang eines solidarischen Miteinanders verstanden.

Wie werden durch Beobachtung und Gespräch Informationen über die bestehenden Bindungsmuster des Kindes gewonnen und für eine produktive Weiterentwicklung des Kindes – von der Abhängigkeit zur Selbstständigkeit, von der Distanz zur Bezogenheit – aufgegriffen?
– Im Erstkontakt mit der Familie werden Gewohnheiten, Vorlieben und Abneigungen des Kindes erfragt und besprochen.
– Für die Aufnahme der Kinder gelten flexible Regelungen, die bestehende Ablösungsängste und Verselbständigungswünsche bei Kindern und Eltern berücksichtigen.
– Die Fachkräfte helfen Kindern, einseitige und starr erscheinende Bindungsmuster zu verändern und durch neue Beziehungserfahrungen zu erweitern.
– Fachkräfte und Eltern sind selbstverständlich in einem kontinuierlichen Kontakt, der die Entwicklung des Kindes thematisiert und begleitet.

Wie werden individuelle, soziale und kulturelle Unterschiede der Kinder bei der Gestaltung des alltäglichen Zusammenlebens und bei identitätsstiftenden Gemeinschaftsaktionen berücksichtigt?
– Besondere Ausdrucks- und Verhaltensweisen aufgrund sozialer und kultureller Unterschiede (z. B. Ess- und Kleidungsgewohnheiten, weltanschauliche Rituale, Alltagskultur, Folklore) werden im Gruppen-

prozess nicht diskriminierend aufgegriffen. Sie werden als Gelegenheit verstanden, um Kindern eine besondere Anerkennung zu vermitteln und neue Sichtweisen auf unterschiedliche Kulturen und soziale Lebensverhältnisse zu eröffnen.

– Kulturelle und individuelle Unterschiede werden in gemeinsamen Projekten thematisiert (Völkerverständigung, Minderheitenschutz, Sprachvielfalt, musikalisches Erbe, Migration, Heimatländer, Kinderrechte); die Themenangebote orientieren sich grundsätzlich am Ziel interkultureller Verständigung und zielen sowohl auf den Schutz kultureller Eigenheiten und Interessen wie auf die Förderung gesellschaftlicher Integration.

– Es gibt Hilfen, die die individuelle Integration eines Kindes in den Alltag der Kindertageseinrichtung erleichtern (Sprachförderung, besondere Einbeziehung der Familien und Erkundung des kulturellen Milieus, Änderung des Speiseplans).

PPQ 3 Erfahrung und Lernen

Die Fachkräfte eröffnen den Kindern lebendige und sinnstiftende Erfahrungen im konkreten Alltag und in bedeutsamen Lebenssituationen. Sie orientieren ihre Arbeit an den Grundzielen Autonomie, Kompetenz und Solidarität. Sie geben Impulse und unterstützen damit die neugierige Suche der Kinder, Wissen und Können in neuen und überraschenden Zusammenhängen zu erwerben. Sensitive, musische, intellektuelle und motorische Fähigkeiten werden in sozialen Kontexten gefördert. Dem Spiel und seiner Förderung kommt eine besondere Bedeutung zu. Als wichtige Erfahrung im Prozess des Älterwerdens übernehmen Kinder Mitverantwortung in überschaubaren und für sie einsichtigen Arbeitsvorgängen und Situationen des Alltags.

Wie werden Alltagssituationen der Kinder für gemeinsame Lern- und Erfahrungsprozesse genutzt?

– Alltägliche Situationen im institutionellen Tagesgeschehen (z. B. Ankommen, Verabschieden, Essen, Schlafen, Kochen, Backen, im Garten spielen …) werden in ihrer subjektiven Bedeutsamkeit für das einzelne Kind und in ihrer Wirkung auf das Zusammenleben mit anderen beachtet und gemeinsam mit den Kindern gestaltet.

– Ausgangspunkt der Projektarbeit sind Fragen und Themen von Kindern, die sie erforschen können. Erwachsene sind dabei Mitforschende in einem Prozess des Nachdenkens und Handelns.

– Die Lernchancen liegen auch außerhalb der begrenzten Erfahrungsmöglichkeit der Kindertageseinrichtung. Personen aus dem Umfeld werden einbezogen.

– Der Rhythmus des Jahres (Feste und Jahreszeiten) wird bewusst und gemeinsam gestaltet. Dabei balancieren die Fachkräfte die Bewahrung der Tradition und ihre innovative Veränderung.

Wie werden Fähigkeiten und Fertigkeiten in sozialen Kontexten gefördert?

– Kinder werden in ihrem Bedürfnis bestärkt, mit allen Sinnen zu lernen. Dabei fördern die Fachkräfte die Vielfalt emotionaler, kognitiver sowie kreativer Ausdrucksformen. Die Kinder werden darin bestärkt, in ihrer subjektiven „Sprache" eigene Erfahrungen, Gedanken, Vorstellungen auszudrücken.

– Verschiedene Medien (wie z. B. Bücher, Filme, Bilder, Musik, Theaterstücke etc.) werden eingebracht, um Kinder dabei zu unterstützen, Antworten auf ihre Fragen zu finden und die Welt besser zu verstehen.

– Kinder werden angeregt, ihre fein- und grobmotorischen Fähigkeiten in einem bedürfnisangemessenen Freiraum zu erproben und eigenständig weiterzuentwickeln (alleine und in Gruppen). Sie werden von den Fachkräften in diesem Lernprozess verstanden; sie werden ermutigt und unterstützt, gesteckte Ziele zu realisieren (Balancieren, Fahrrad fahren, Rollschuh laufen …).

– Kinder bekommen Gelegenheit, ihre Kenntnisse und Fertigkeiten in alltäglichen Lebenszusammenhängen zu erproben und anzuwenden (z. B. Umgang mit Geld, Einkaufen, Telefonieren, Bus fahren etc.).

Wie wird eine Lernkultur in der Einrichtung entfaltet?

– Alle Kinder finden Anregung und Gelegenheit, eigene Interessen zu entwickeln. Sie werden von den Fachkräften darin bestärkt, „am Ball zu bleiben". Dabei können sie Zeit-, Frei- und Spielräume und Kontakte weitgehend selbst bestimmen.

– Es wird alles getan, um die Neugierde der Kinder herauszufordern und ihre Kontaktfähigkeit aktiv zu unterstützen.

– Entwicklungsaufgaben werden für jedes Kind aktuell begründet, unterstützt und begleitet. Die Fachkräfte gewähren Zeit, ohne ständig

und vorschnell einzugreifen. Sie achten darauf, Kinder zu fordern, ohne sie zu überfordern.
– Die Fachkräfte nehmen die Fragen der Kinder auf und ihre Erklärungsversuche ernst. Sie achten ihre Denkleistungen und ermutigen sie, eigene Lösungen zu finden.
– Es gibt eine Vielzahl frei zugänglicher Materialien – auch unkonventioneller, nicht vorfabrizierter Art – die auf verschiedene Weise zu benutzen sind und die die Kinder zum eigenständigen Handeln und Behandeln anregen.
– Die Kinder können lernen, sich außerhalb der Kita zu orientieren und frei zu bewegen, das Umfeld zu erkunden und andere Spielorte zu erschließen.

Wie wird das Spiel als „Sprache" entwicklungsangemessener Aneignung und Auseinandersetzung mit der Welt gefördert?
– Die Kinder werden von den Fachkräften, die über entsprechende Kenntnisse und ein angemessenes Repertoire verfügen, kompetent in der Entwicklung ihrer Spielfähigkeit unterstützt.
– Den Kindern stehen anregende (auch themenorientierte) Requisiten, sichtgeschützte Nischen oder Räume, freigewählte Spielpartner und genügend Zeit für die Entwicklung und Ausgestaltung ihres spontanen Rollenspiels zur Verfügung.
– Die Fachkräfte beteiligen sich aktiv an Rollenspielen. Sie regen sie an, sie lassen sich darauf ein, übernehmen auch selbst Rollen und unterstützen den Spielverlauf mit weiteren Ideen.
– Die Spielinhalte werden als Formen kindlicher Fragen und Auseinandersetzungen verstanden und bei der pädagogischen Planung berücksichtigt.
– Es werden unterschiedliche Regelspiele angeboten. Ihr Schwierigkeitsgrad ist den Entwicklungs- und Altersunterschieden angemessen.
– Die Kinder werden unterstützt, in Wettspielen ihre Geschicklichkeit, Schnelligkeit, Kraft und ihren Einfallsreichtum mit Gleichaltrigen zu messen. Sie lernen, zu gewinnen und zu verlieren.

Wie lernen Kinder, Arbeitsvorgänge zu verstehen und entsprechend ihrer Interessen und Fähigkeiten selbst mitzuarbeiten?
– Die Kinder erhalten Einblick in die Arbeitsvorgänge, die sich innerhalb und außerhalb der Kindertagesstätte abspielen und können, wo es möglich ist, mitarbeiten.

- Die Kinder übernehmen im Alltag verbindliche Aufgaben, die ihren Möglichkeiten angemessen sind und die sie eigenverantwortlich ausführen (Kochen, Saubermachen, Reparaturen ausführen, Garten- und Tierpflege, Telefondienst, Botendienste, Windeln wechseln etc.).
- Kinder übernehmen Verantwortung zur Organisation der Gruppe wie der Einrichtung (z. B. wirken sie über einen Kinderrat an Entscheidungen mit, bilden einen Festausschuss für das Herbstfest, planen einen Ausflug, sind für den Einkauf von Werkzeug zuständig etc.).
- Die Kinder erfahren in ihrem Alltag den Zusammenhang von Arbeit und Wertschöpfung. Sie stellen etwas her, verkaufen es und entscheiden über die Verwendung des Erlöses (z. B. machen sie einen Stand auf dem Flohmarkt, verkaufen Selbstgebackenes, halten artgerecht Hühner und verkaufen die Eier etc.).

Wie lernen Kinder, ihre Verantwortung für die Umwelt angemessen zu übernehmen?
- Im Alltag tragen die Kinder (z. B. durch Sortieren und Vermeiden von Müll) dazu bei, Umweltbelastungen zu reduzieren.
- Sie werden dazu angeleitet, Rohstoffe wie Wasser, Licht und Wärme zu nutzen, ohne sie zu verschwenden.
- Das ökologische Bewusstsein der Kinder wird geschärft, indem sie im Garten der Kindertageseinrichtung naturbelassenes Obst und Gemüse ziehen, an der naturnahen Gestaltung des Außengeländes mitwirken und für eine artgerechte Tierhaltung sorgen.
- Ausflüge werden möglichst mit öffentlichen Verkehrsmitteln unternommen.
- Über Kontakte mit Naturschutzorganisationen und z. B. einem Förster erfahren sie mehr über ökologische Probleme (eines Waldes, eines Sees) und über Umweltinitiativen. Sie erleben auf diese Weise, dass man zur Erhaltung der Umwelt etwas tun kann und dass auch sie als Kinder einen Beitrag dazu leisten können.
- Im Freien (auf dem Feld, im Wald, in einer Wiese, in den Bergen, am Meer) entdecken die Kinder das Abenteuer Natur.

PPQ 4 Kinderkultur

Kinderkultur misst sich am Grad der Beteiligung von Kindern an den Entscheidungen des alltäglichen wie des besonderen Geschehens in der Kindertageseinrichtung. Sie hängt ab von der Bereitschaft, Zeit und Raum für die Erprobung von Eigen- und Fremdverantwortlichkeit zu schaffen. Sie unterstützt die eigenständige Entwicklung der Kinder zur Selbstständigkeit und zur Gemeinschaft. Indem die Fachkräfte die Kinder ernst nehmen, ihnen vertrauen, sie partnerschaftlich, mitfühlend und unterstützend annehmen, ermöglichen sie das Entstehen einer eigenständigen Kinderkultur.

Welche Mitwirkungsmöglichkeiten haben Kinder bei der Strukturierung und inhaltlichen Gestaltung alltäglicher Abläufe?

– Gesprächsrunden zur Planung und Reflexion, in die Wünsche und Ideen der Kinder eingebracht und Möglichkeiten ihrer Verwirklichung erörtert werden, gehören zum täglichen / wöchentlichen Repertoire.
– Informationen über alltägliche und besondere Ereignisse sind Kindern jederzeit zugänglich, z. B. durch Informationswände oder besondere, nicht schriftgebundene Bilder und Symbole.
– Die Spiel- und Arbeitsinteressen von Kindern werden direkt erfragt, deren Verwirklichung die Fachkräfte unterstützen.
– Situationsbezogene Veränderungen des Tagesablaufes können auch von Kindern herbeigeführt werden (z. B. Kinder erfinden eine besondere Spielaktion – dafür fällt der Spaziergang ins Wasser …).
– Es gibt Bereiche, die Kinder eigenverantwortlich und zu ihrer Selbstinszenierung gestalten und nutzen können.
– Jedes Kind hat einen Platz für persönliche Dinge.

Wie werden Streit und Konflikte unter Kindern bzw. zwischen Kindern und Erwachsenen gesehen und bearbeitet?

– In der Kindertageseinrichtung wird gestritten und es gibt eine Streitkultur. Das heißt, Streit wird als normal und leidenschaftliche Selbstverständlichkeit gesehen, aber in der gemeinsamen Reflexion produktiv gewendet und bewältigt.
– Konfikte werden prinzipiell ernst genommen, nicht verharmlost und nicht überhöht.
– Konfliktlösungsbemühungen von Kindern haben Vorrang.

- Kinder erhalten Anregungen und Hilfen, um konfliktreiche Verhaltensweisen zu überwinden.
- Strukturelle Konfliktanlässe (z. B. Bewegungsbedürfnisse von Schulkindern während der Ruhephase von Kleinkindern) werden problematisiert und es werden Lösungen mit Hilfe aller Beteiligten gesucht.
- Von außen herrührende Konflikte (z. B. Nachbarschaftskonflikte) werden mit den Kindern (und wenn möglich Nachbarn) diskutiert und geklärt.
- Es gibt einen offenen Austausch – in der Gruppe – über gelungene oder gescheiterte Konfliktlösungsversuche.
- Es werden Rituale der Tröstung und der Versöhnung gepflegt.

Welche Wertschätzung finden kindliche Sichtweisen und Lebensvorstellungen und wie werden Eindrücke und Erfahrungen der Kinder berücksichtigt?
- Kinder werden ermutigt, ihre Sicht der Welt, ihre Hoffnungen, Ängste und Visionen mit ihren eigenen Mitteln auszudrücken.
- Die Einrichtung bietet den Kindern vielfältige Möglichkeiten, kreative Ausdrucksformen (musische, sprachliche, theatralische, körperliche) zu entwickeln.
- Es gibt ein Forum zur Veröffentlichung selbstproduzierter Ergebnisse/Werke von Kindern (Ausstellungen, Dokumentationen, Videos, Gesprächsprotokolle etc.).
- Kinder finden in der Einrichtung Verständnis, einschneidende Erlebnisse und Lebenserfahrungen (so z. B. Trennungen und Scheidungen, Krankheiten und Todesfälle, Migration und Fluchtschicksale) im Spiel und in der Begegnung mit den Fachkräften zu verarbeiten .
- Die Einrichtung unterstützt Kontakte zu Kindern anderer Orte oder Länder und deren Lebensvorstellungen (z. B. durch Brieffreundschaften, Austausch von Videos, Reisen).
- In Gesprächskreisen und Einzelgesprächen wird über schwierige Themen gesprochen, z. B. über die Belastungen, die negative Verhaltensweisen für die Gruppe wie für einzelne haben können (über Klauereien, Zerstörungen, Bedrohungen, Unzuverlässigkeit …).
- Kinder finden in schwierigen Situationen in der Einrichtung verständnisvolle Fachkräfte, die mit ihnen gemeinsam Strategien und Möglichkeiten zur Bewältigung objektiver Gefährdungen oder Konfliktzuspitzungen beraten (z. B. Familienkonflikte, Misshandlung und Vernachlässigung, Drogen- und Alkoholprobleme, Herumtreiben …).

40

Wie sind die Kinder und ihre Interessen im Gemeinwesen präsent?

– Die Einrichtung öffnet sich für kulturelle Veranstaltungen für die Kinder des Stadtteils/Quartiers; z. B. mit z. B. Dichterlesungen, Theatervorführungen, Filmen, Zirkus.

– Die von den Kindern erarbeiteten Kulturproduktionen sind der Öffentlichkeit zugänglich (Dokumentationen des Alltagslebens und besonderer Aktionen der Kinder).

– Kinder können die Kultur-, Sport- und Spielmöglichkeiten des Stadtteils oder Quartiers selbstständig nutzen.

– Kinder werden angeregt und unterstützt, aktiv an der Entwicklung oder Veränderung öffentlicher Kinderbereiche (z. B. was Spiel- und Sporteinrichtungen oder sichere Wegenetze betrifft) in Kooperation mit anderen Gruppen mitzuarbeiten.

– Auf der Ebene der Kinder werden freundschaftliche Kontakte zu anderen Institutionen (Kinderheim, Hort, Kinderhäuser usw.), Vereinen und Organisationen in der Umgebung der Einrichtung gepflegt, die die Verwirklichung gemeinsamer Interessen stärken.

– Die Einrichtung ist offen für kulturelle Unterschiede und ermöglicht Kindern und ihren Familien das wechselseitige Kennenlernen kultureller Gemeinsamkeiten und Besonderheiten.

– Von und mit Kindern entwickelte Initiativen, Gremien, Projekte und Interessengruppen (z. B. soziale Hilfsaktionen) sind offen für Kinder des Stadtteils und werden inhaltlich, organisatorisch und materiell unterstützt.

PPQ 5   Integration

Erziehung in der Kindertageseinrichtung macht Unterschiede und will Veränderungen bewirken. Zugleich reagiert sie aber gezielt auf gegebene Unterschiede, insbesondere Benachteiligungen. Dabei grenzt sie jedoch besondere Kinder nicht aus, sondern fördert den Kontakt und das Verständnis der Kinder untereinander. Sie bietet besondere Hilfen zur Bewältigung und zum Ausgleich erfahrener Beeinträchtigung und Benachteiligung in schwierigen Lebenslagen.

Welche integrativen Hilfen werden in der Einrichtung angeboten?

– Die Kindertageseinrichtung begegnet allen, die sie besuchen, mit Wertschätzung. Dies wird z. B. durch einen freundlichen Empfangs-

bereich mit Gruß- und Informationshinweisen in verschiedenen Sprachen deutlich.
– Alle Räume der Kindertageseinrichtung sind für Menschen mit und ohne Behinderung zugänglich.
– Für Kinder mit Behinderungen, bzw. besonderen Beeinträchtigungen, sind die erforderlichen speziellen Hilfen vorhanden.
– Die Fachkräfte setzen sich für die Umsetzung der gesetzlichen Regelungen und die Erfüllung von Rahmenbedingungen sowie für die finanzielle Förderung für die Arbeit mit Kindern mit besonderen Bedürfnissen ein.

Wie werden besondere Förderungsangebote entwickelt?
– Die Fachkräfte entwickeln in Zusammenarbeit mit den Eltern und Spezialisten Förderangebote für Kinder mit Behinderungen bzw. Beeinträchtigungen (wie z. B. Frühförderung, Sprachförderung, Sprach-, Bewegungs- und Beschäftigungstherapie) die möglichst weitgehend in den Gruppenalltag integriert sind.
– Es gibt in der Kindertageseinrichtung Angebote zur Beratung, Unterstützung und zur Vermittlung weiterer notwendiger Hilfen (z. B. bei rechtlichen oder finanziellen bzw. psychosozialen Problemlagen, nicht zuletzt bei Kindesmisshandlung und Vernachlässigung). Insbesondere vermittelt die Kindertageseinrichtung weitere Hilfen durch soziale Dienste, Einrichtungen der Frühförderung, der Erziehungsberatung, bzw. von Therapeuten und Ärzten.
– Es besteht die Möglichkeit und die Bereitschaft zum Austausch und zur Kooperation mit externen Fachkräften, deren Rat zur Entwicklung von Programm und Praxis gesucht wird.

PPQ 6 Familienorientierung

Die Familien werden als wesentliche Partner im Erziehungsprozess geachtet, und sie werden mit ihren je individuellen Interessen, Bedürfnissen und besonderen Lebensverhältnissen als eigenständiges System wahr- und ernstgenommen. Das wird konkret in einer lebendigen Erziehungspartnerschaft zur Entwicklungsbegleitung und -förderung des jeweiligen Kindes, in Angeboten zur Beratung und Bildung von Eltern, in der Mitwirkung der Familien im Alltag der Kindertageseinrichtung sowie in der Ermöglichung und Förderung selbstorganisierter Elternbegegnung.

Wie werden die Erwartungen, Bedürfnisse und Lebenslagen der Familien erforscht und berücksichtigt?
– Die Lebenssituation der Familien wird kontinuierlich anhand bestimmter, die Breite der Lebensumstände erfassender, Fragestellungen erkundet (z. B. das Milieu, die Wohnverhältnisse, die Arbeits- und Lebensverhältnisse).
– Es besteht ein Interesse am Austausch zu aktuellen Lebenssituationen und Veränderungen in der Familie.
– Die Eltern – einschließlich möglicher zukünftiger Nutzer – werden zu ihrer Meinung über die Angebote und Arbeitsformen der Kindertageseinrichtung regelmäßig befragt (Bedarfsermittlung durch Elternbefragung).
– Die Ergebnisse solcher Erhebungen werden für die Weiterentwicklung des Angebots der Kindertageseinrichtung genutzt.

Welche konzeptionellen Überlegungen zur Familienarbeit bestehen in der Einrichtung?
– Der Auftrag des KJHG (§§ 16 und 22) ist den Fachkräften bekannt, seine Umsetzung wird angestrebt.
– Die konzeptionellen Überlegungen der Einrichtung beschreiben die Ziele, Programm und Methoden der Familienarbeit in der Kindertageseinrichtung. Sie werden vom Team im Kontakt mit Eltern erarbeitet und schriftlich festgehalten.
– Die Ziele der Familienarbeit, der ein hoher Rang neben der kindbezogenen Arbeit zugemessen wird, orientieren sich an den Bedürfnissen und Möglichkeiten der Familien, deren Unterstützung und Stärkung sie beabsichtigen.

- Die Ziele der Familienarbeit sind konkret und benennen Zeiträume und Verantwortliche für die Umsetzung. Dabei wird der Auftrag zur Familienarbeit grundsätzlich als Teamaufgabe verstanden.
- Das Team betrachtet die Familienarbeit als ein Entwicklungsfeld, in dem auch „Misserfolge" als wertvolle Arbeitsergebnisse angesehen werden, die zu produktiven Weiterentwicklungen führen.
- Familienarbeit wird im Dialog mit den Familien weiterentwickelt.
- Familienarbeit ist regelmäßig Thema von Dienstbesprechungen, die der Planung und Reflexion der Familienarbeit dienen und die den Einsatz der Fachkräfte und die Planung fester Zeiten und Vertretungen für die Durchführung der Familienarbeit regeln.

Wie werden die Beziehungen zu den Familien gestaltet und welcher Platz wird ihnen eingeräumt?
- Die Eltern und Kinder werden in der Einrichtung begrüßt und verabschiedet.
- Es gibt keine Diskriminierung bestimmter familialer Lebensformen.
- Insbesondere werden auch die Väter der Kinder, neben den Geschwistern, den Großeltern und anderen Verwandten, wahrgenommen und in die Arbeit der Kindertageseinrichtung einbezogen.
- Es gibt ein obligatorisches Aufnahmegespräch mit einem Austausch von Erstinformationen und der Aufnahme notwendiger personenbezogener Daten sowie der Vorstellung der Mitarbeiterinnen, der Gruppe und des Hauses.
- Es gibt es ein Informationsheft oder andere schriftliche Informationen für Eltern in leicht verständlicher Sprache (soweit notwendig auch in anderen Sprachen).
- Die Einrichtung betreibt aktiv den Aufbau vertrauensvoller, kontinuierlicher Beziehungen zu den Eltern und der Eltern untereinander.
- Die Fachkräfte sind mit systemischen Konzepten und Sichtweisen vertraut, die sie zum besseren Verständnis familiärer Situationen nutzen. Ohne vorschnell die Familienverhältnisse moralisch zu bewerten, wird das Kind als in die familiären Beziehungen eingebettet gesehen, von denen seine Entwicklung abhängig ist, die es seinerseits aber auch beeinflusst.
- Die Mitarbeit von Eltern in der Kindertageseinrichtung wird ermutigt und tatsächlich ermöglicht.
- Konflikte werden offen angesprochen und konstruktiv als „normale" Vorkommnisse behandelt.

- Es gibt in der Kindertageseinrichtung geeignete Räumlichkeiten, die von den Eltern und Familien – auch unabhängig von den Öffnungszeiten der Einrichtung – genutzt werden können.
- Bestimmte Angebote der Kindertageseinrichtung sind offen für alle Eltern und Familien im Quartier/Stadtteil.

Welche Angebote gibt es auf der Ebene der Zusammenarbeit zur Entwicklungsbegleitung des jeweiligen Kindes (Erziehungspartnerschaft)?
- Es gibt eine der kindlichen Entwicklung und dem familiären Bedarf angemessene gemeinsame Eingewöhnungszeit für Kinder und Eltern.
- Es gibt regelmäßige Entwicklungsgespräche zwischen Fachkräften und Eltern und ein Abschlussgespräch beim Abschied des Kindes. Das Kind wird seinem Entwicklungsstand entsprechend einbezogen.

Welche Angebote gibt es auf der Ebene von Beratung, Bildung und Service?
- Es gibt Informationen über psychosoziale Dienste, Bildungs-, Kultur- und Freizeitangebote im Umfeld.
- Es gibt themenbezogene Elternabende, auch mit Experten von außen.
- Weitere Serviceleistungen, wie z. B. Babysitter-Vermittlung, Wochenendreisen, Second-Hand-Märkte, Büchershops, Kochkurse für Kinder, Vätertreffs, Elterntraining, werden angeboten.

Welche Angebote gibt es auf der Ebene der Mitwirkung von Eltern und Familien?
- Es gibt die selbstverständliche Mitarbeit von Eltern im Alltag der Einrichtung (z. B. Kleingruppenarbeit, Ausflüge, Werkstatt, Gemüsegarten, Kochen, Schwimmbadbegleitung, Radtour).
- Es gibt Eltern-Kinder-Treffen (auch Väter-Kinder-Treffen) und Familienclubs.
- Es gibt gemeinsame Ausflüge und Freizeiten – auch an Wochenenden.
- Es gibt Feste und Feiern mit Familien, Nachbarn und Freunden.

Wie werden selbstorganisierte Begegnungen von Eltern ermöglicht und unterstützt?
- Es gibt Selbsthilfegruppen für Eltern in besonderer Lebenslage (z. B. Alleinerziehende), wobei für die Kinderbetreuung gesorgt ist.

- Es werden handwerklich-musische Gruppen für Eltern (z. B. Kochen, Theater, Töpfern) angeregt.
- Es gibt einen Elternstammtisch.
- Die Kindertageseinrichtung kann für Familienfeiern genutzt werden (unbürokratische Nutzervereinbarung mit Schlüsselübergabe).

Welche Formen der institutionalisierten Elternmitwirkung gibt es?
- Es gibt eine gewählte Elternvertretung mit satzungsmäßigen Mitwirkungsrechten und eigenem Etat.

PPQ 7   Gemeinwesenorientierung

Die Kindertageseinrichtung versteht sich als aktiver Teil der sozialen Infrastruktur in der Gemeinde. Sie sucht den Kontakt mit anderen pädagogischen und psychosozialen Einrichtungen, mit denen sie sich vernetzt. Sie versteht sich als Zentrum nachbarschaftlicher Kontakte und Begegnungen. Sie wirkt bei der Stadt- und Jugendhilfeplanung in der Region mit.

Welche Konzeption der Gemeinwesenarbeit und der Zusammenarbeit mit anderen sozialen Diensten besteht in der Einrichtung?
- Den Fachkräften ist der gesetzliche Auftrag zur Kooperation im Umfeld und mit anderen sozialen Diensten – insbesondere nach §§ 80 und 81 KJHG – bekannt.
- Es gibt eine gemeinsam erarbeitete, schriftlich fixierte Konzeption zur Gemeinwesenarbeit und zur Kooperation mit anderen sozialen Diensten.
- Die Kooperation mit anderen sozialen Diensten wird als Aufgabe des gesamten Teams verstanden, wobei es im Team festgelegte Verantwortlichkeiten für Kontakte mit bestimmten Partnern gibt.

Wie versteht sich die Kindertageseinrichtung im Kontext der sozialen Infrastruktur ihres Umfeldes?
- Den Fachkräften sind die besonderen Verhältnisse im Einzugsgebiet der Einrichtung bekannt (z. B. Bevölkerungsstruktur, sozial-ökonomische und sozial-ökologische Besonderheiten wie Gewerbebetriebe, Freizeit- und Erholungsmöglichkeiten, Verkehrssituation, Umweltbelastung, soziale Problemlagen wie Armutskonzentration etc.).

– Den Fachkräften ist bekannt, welche anderen Angebote für Kinder und Familien es gibt (z. B. andere Kindertageseinrichtungen öffentlicher, kirchlicher und freier Träger, Spielplätze, Treffs, Freizeitangebote, pädagogische Lernhilfen etc.).
– Den Fachkräften ist bekannt, welche Angebote in der Region für Erwachsene, der Familienbildung, der Selbsthilfe etc. genutzt werden können (z. B. Vereine, Initiativen, Selbsthilfegruppen, Familienbildungsstätten, Kirchengemeinden und andere religiöse Gemeinschaften, Angebote der Volkshochschule, Stadt-/Stadtteilbibliotheken etc.).

Auf welche Weise nutzt die Kindertageseinrichtung im Umfeld vorhandene Möglichkeiten für die Entwicklung ihres eigenen Programmangebotes?
– Die Arbeit der Fachkräfte und die Angebote der Einrichtung basieren auf einer Umfeldanalyse, die in regelmäßigen Abständen Gegenstand der inhaltlichen Diskussion im Team ist.
– Die im Umfeld vorhandenen Möglichkeiten werden zur pädagogischen und organisatorischen Schwerpunktsetzung genutzt (z. B. bei der Durchführung pädagogischer Projekte, durch Besuche und Erkundungen etc.).
– Das Außengelände ist regelmäßig oder zu besonderen Zeiten (Wochenende, Abend) zur Nutzung durch Kinder und Erwachsene aus der Nachbarschaft geöffnet.
– In der Einrichtung stehen Räume für Angebote zur Verfügung, die über das reine Betreuungsangebot hinausgehen (z. B. für Spielkreise, Elterntreffpunkte, Angebote der Erwachsenenbildung, Stadtteilforen etc.).
– Die Einrichtung nutzt Raumangebote anderer Anbieter im Stadtteil für ihre Arbeit (Sportstätten, Spielplätze, Schulhöfe, Spielstraßen, Bibliotheken etc.)

Welchen aktiven Beitrag zur Weiterentwicklung der sozialen Infrastruktur in ihrem Umfeld leistet die Kindertageseinrichtung?
– Die Einrichtung beteiligt sich an Aktivitäten im Stadtteil oder regt diese an (z. B. Stadtteilfeste, Aktionen zu Wohnumfeldverbesserungen, Spielplatzgestaltungen etc.).
– Die Einrichtung zeigt Besonderheiten, Probleme und Entwicklungschancen im Umfeld auf und macht diese zum Thema ihrer Öffentlichkeitsarbeit.

– Es gibt einen regelmäßigen Austausch zwischen den verschiedenen Akteuren im Umfeld.

Welcher Kontakt besteht zwischen der Kindertageseinrichtung und anderen pädagogischen und psycho-sozialen Diensten und Einrichtungen im Umfeld?

– Die Fachkräfte kennen die zuständigen Mitarbeiterinnen und Mitarbeiter des allgemeinen Sozialdienstes (ASD) und des Jugendgesundheitsdienstes (JGD).
– Die Fachkräfte wissen, welche Erziehungsberatungs- und Frühförderstellen für sie erreichbar sind und wer im Einzelfall ansprechbar ist.
– Die Fachkräfte kennen andere – auch freigemeinnützige – Beratungs- und Unterstützungsangebote im Feld wie z. B. Schuldnerberatung, Kinderschutzzentren, Kinderbeauftragte; zu diesen Diensten besteht ein regelmäßiger Kontakt.

Welche Initiativen ergreift die Kindertageseinrichtung, um in ihrem Umfeld aktiv in der Gemeinwesenarbeit mitzuwirken?

– Die Einrichtung nimmt an Initiativen und Arbeitskreisen im Stadtteil, am Projektverbund, an Stadtteilkonferenzen, Jugendhilfegremien u. ä. teil und nutzt Informationen und Kontakte aus diesen Feldern für die eigene Arbeit.
– Die Kindertageseinrichtung macht eigene Vorschläge zur Jugendhilfeplanung im Umfeld.
– Die Kindertageseinrichtung regt die Bildung eines Projektverbunds bzw. eines Stadtteilarbeitskreises zur Förderung von Kindern an und ergreift dazu die Initiative.

PPQ 8   Highlights

Der konkrete Alltag mit seinen vielfältigen Situationen bestimmt im wesentlichen eine lebendige Programm- und Prozessgestaltung in der Kindertageseinrichtung. Herausgehobene, besonders inszenierte Ereignisse (Highlights) geben ihm eine besondere Note und Qualität, indem sie soziale, rituelle und symbolische Muster bilden, die Leben und Erfahrung auf besondere Weise prägen. Sie markieren Übergänge und Veränderungen und ermöglichen auch, ein Kind oder einen Erwachsenen mit besonderer Aufmerksamkeit und Anerkennung herauszustellen.

Wie gestaltet die Kindertageseinrichtung die Aufnahme und den Abschied eines Kindes?
– Es gibt in der Einrichtung ein besonderes Aufnahmeritual, das die Gefühle und Erwartungen des „neuen" Kindes wie der „alten" Kinder berücksichtigt.
– Für das neue Kind wird ein besonderer Bereich eingerichtet (z. B. ein Fach) bzw. es werden besondere Zeichen gesetzt (z. B. Eintrag des Namens im Gruppenstern, Foto in der Galerie), die die Aufnahme des Kindes in den Gruppenzusammenhang unterstreichen.
– Die Herkunftsfamilie des neuen Kindes wird in die Aufnahme wie den Abschied einbezogen.
– Der Abschied wird mit einem Fest begangen, das Erinnerung und Ausblick ermöglicht. Es werden Abschiedsgeschenke (wie z. B. Kita-Erinnerungsbücher, Wandbehänge, Schutz- und Zauberfetische) hergestellt. Der neue Lebensabschnitt wird in den Blick genommen, besprochen und möglicherweise erkundet.

Wie finden Feste und Feiern im Programmangebot der Einrichtung ihren besonderen Stellenwert und Platz?
– Geburtstage werden besonders beachtet und gefeiert.
– Jahreszeitliche und kulturelle Feste sind ein fester Bestandteil des Programms.
– Die besonderen kulturellen, ethnischen und religiösen Traditionen der Kinder werden berücksichtigt und ihre Familien nach Möglichkeit einbezogen.

Welche besonderen Aktionen und Unternehmungen werden organisiert, die den Alltag und den Horizont der Kinder erweitern helfen?
- Zum Programm der Einrichtung gehören Ausflüge und Reisen.
- Erkundungen von Regionen, Einrichtungen und Betrieben werden unternommen.
- Es werden Abenteuer- und Erlebnisreisen durchgeführt.
- Im Programm gibt es Theater- und Kunstaktionen.
- Es werden soziale und ökologische Projekte ins Werk gesetzt.

Leitungsqualität (LQ)

Die Qualität der Leitung von Tageseinrichtungen für Kinder ist für die gesamte Einrichtung von hoher Bedeutung. Die Leitungskraft muss fähig sein, die Einrichtung kompetent (d. h. mit Wissen und Können) zu leiten, die Mitarbeiterinnen und Mitarbeiter zu fördern, das Programm der Einrichtung einer ständigen Reflexion zu unterziehen, ein bedarfsgerechtes Angebot für Kinder und Familien zu entwickeln, die Einrichtung in der Öffentlichkeit darzustellen und bekanntzumachen und sich selbst ständig für ihre Leitungsaufgaben weiter zu qualifizieren. Sie sorgt für angemessene personelle Voraussetzungen und nimmt Einfluss auf vorhandene Träger- und Einrichtungsstrukturen, um günstige Rahmenbedingungen für die Arbeit zu erreichen. Sie nimmt ihre Leitungsaufgabe und -rolle bewusst an und praktiziert einen kollegialen Leitungsstil. Zu ihrer Fachkompetenz gehört auch die Auswahl, Anleitung, Unterstützung und Förderung des Personals. Sie verfügt über ein breites Allgemeinwissen und kann zur fachlichen Weiterentwicklung der Einrichtung kompetente Fachleute von außen einbeziehen und nutzen. Sie verfügt neben ihren pädagogisch-fachlichen Kompetenzen über Fähigkeiten des Sozialmanagements und der Qualitätsentwicklung in Kindertageseinrichtungen.

LQ 1   Selbstkompetenz

Die Leitungskraft verfügt über Selbstreflexivität und geklärte Berufserfahrungen, so dass sie selbstbewusst Leitung wahrnehmen und Vorbild sein kann. Sie ist selbst motiviert und kann motivierend wirken. Sie übernimmt Führungsverantwortung und delegiert Aufgaben.

Worin erweist sich die Selbstkompetenz, Selbstreflexivität und Berufserfahrung der Leitung?
– Die Leitungskraft kennt ihren Auftrag, versteht ihre Rolle und ihre Aufgaben und ist in der Lage, fachliche Zukunftsvisionen für sich wie für die ganze Einrichtung zu entwickeln.

– Sie ist erfinderisch und engagiert sich mit den Fachkräften für die Umsetzung neuer und weiterführender Ideen.

– Sie hat ein eigenes Konzept von Leitung und versteht es, orientierende Fragen zu stellen und zuzulassen.

– Sie kennt ihre Stärken, ihre Schwächen und Grenzen; sie weicht ihrer Leitungsaufgabe nicht aus, überzieht sie aber auch nicht.

– Sie verfügt über langjährige Berufserfahrungen, die durch Fort- und Weiterbildungen und Supervisionen vertieft und reflektiert werden.

Wie versteht die Leitung ihre Führungsverantwortung?

– Sie verfügt über ein strategisches Konzept, wie sie den fachlichen Auftrag der Einrichtung an die Fachkräfte vermittelt.

– Sie vertritt Programm und Praxis gegenüber dem Träger, den Nutzern und der Öffentlichkeit.

– Sie sieht die Kindertageserziehung und ihre Einrichtung eingebettet in gesellschaftliche und sozialpolitische Zusammenhänge, auf die sie programmatisch und fachpolitisch reagiert.

– Sie kann delegieren und die besonderen Kenntnisse, Fähigkeiten und Fertigkeiten der Fachkräfte anerkennen, fördern, erweitern und in der Arbeit konstruktiv nutzen.

LQ 2   Managementkompetenz

Die Leitungskraft kann die Arbeitsprozesse eigenständig und souverän planen, strukturieren und organisieren. Sie beherrscht die betriebs- bzw. hauswirtschaftlichen Leitungsaufgaben und kann die Methoden des Qualitätsmanagements kompetent anwenden. Sie handelt verantwortlich in komplexen Zusammenhängen und mit systemischem Verständnis (beispielsweise der Zusammenhänge der Kinder und Familien, der Nutzer und des Personals).

Wie werden Arbeitsprozesse von der Leitungskraft gesteuert?

– Sie kann die Arbeitsprozesse verantwortlich planen, strukturieren und organisieren und versteht es, die Fachkräfte mitverantwortlich zu beteiligen.

– Sie sorgt dafür, dass Entscheidungen getroffen, durchgeführt und kontrolliert werden.

– Sie informiert den Träger kontinuierlich über die laufende Arbeit und
   über weitere Vorhaben.
– Sie unterstützt den Träger mit fachlichen Entwürfen zur weiteren Entwicklung und bereitet Entscheidungen vor.

**Wie nutzt die Leitungskraft ihre betriebswirtschaftlichen Kompe-
tenzen?**
– Sie verfügt über moderne betriebswirtschaftliche Kenntnisse und
   kann die im Rahmen des Haushaltsplanes zur Verfügung stehenden
   Mittel kompetent bewirtschaften.
– Sie ist in der Lage, neue Finanzierungsquellen zu erschließen. So regt
   sie z. B. die Gründung eines Fördervereins für die Einrichtung an und
   verhandelt mit örtlichen Betrieben über Sponsoring.

**Wie gelingt es der Leitungskraft, Methoden des Qualitätsmanage-
ments einzusetzen?**
– Sie akzeptiert Qualitätsmanagement als Leitungsaufgabe.
– Sie kennt unterschiedliche Methoden des Qualitätsmanagements und
   kann sie adäquat auf ihre Einrichtung übertragen.
– Sie vermittelt diese Methodenkenntnisse an ihre Fachkräfte.

**Wie nimmt die Leitungskraft ihre berufspolitischen und fachlichen
Entwicklungsaufgaben wahr?**
– Sie verfügt über Kenntnisse und Kontakte im weiteren Berufsfeld und
   kann die einschlägigen Trägerorganisationen, Fachverbände, Ge-
   werkschaften und politischen Gremien für die Entwicklung einer in-
   novativen Praxis der Kindertageserziehung nutzen.
– Sie engagiert sich für die Weiterentwicklung der Fachausbildung und
   hält Kontakt zu den Aus- und Weiterbildungseinrichtungen, die sie
   für sich selbst und für die eigenen Fachkräfte zu nutzen versteht.
– Sie übernimmt Verantwortung für die praxisbezogene Ausbildung
   zukünftiger Fachkräfte und sucht die Zusammenarbeit mit den sozialpädagogischen Ausbildungsstätten.
– Sie verfolgt die Entwicklung der Forschung in ihrem Fachgebiet und
   fordert Hochschulen zur Praxisforschung in ihrer Einrichtung auf.

LQ 3   Fachkompetenz

Die Leitungskraft verfügt über die Schlüsselqualifikationen und gute Fachkenntnisse in allen für die Fachkräfte relevanten Kompetenzbereichen. Dazu bedarf es einer ausgewiesenen sozialpädagogischen Aus-und Weiterbildung. Die Leitungskraft kann das Programm der Einrichtung, die Praxis der Fachkräfte und die Kompetenzen der Mitarbeiterinnen und Mitarbeiter im Sinne bester Fachpraxis zusammenführen und fördern. Sie kann innovative Entwicklungen in Gang setzen und die fachliche Weiterentwicklung der Einrichtung gezielt unterstützen.

Verfügt die Leitung über eine angemessene Fachkompetenz?
– Die Leitungskraft hat eine sozialpädagogische Fach- und/oder Hochschulausbildung absolviert und ist mit den neueren fachlichen Entwicklungen vertraut.
– Sie verfügt über Zusatzqualifikationen – insbesondere zur Bewältigung der Management- und Personalführungsaufgaben.
– Zu ihrer Fachkompetenz gehört auch die Fähigkeit zur Programmentwicklung und Programmrealisierung.
– Sie kennt die einschlägigen Rechts- und Verwaltungsgrundlagen der Kindertageserziehung.
– Sie ist selbst eine erfahrene und erfinderische pädagogische Praktikerin, die die Fachkräfte im konkreten Alltag beraten und begleiten kann.

Wie unterstützt die Leitung beste Fachpraxis und setzt innovative Entwicklungen in Gang?
– Sie nimmt kritische Aussagen der Fachkräfte zum vorliegenden Programm auf und erarbeitet mit ihnen hierzu neue Programminhalte.
– Sie ermittelt die erforderlichen Rahmenbedingungen für die Arbeit mit Kindern und Eltern und setzt sich für günstige Arbeitsbedingungen ein.
– Sie vermittelt ihre Kenntnisse aus aktueller Fachliteratur, Tagungen und Fortbildungen an die Fachkräfte.
– Sie erarbeitet mit den Fachkräften auf der Grundlage eines veränderten Bedarfes von Kindern und Familien ein neues Programm.
– Sie überprüft regelmäßig die fachlichen Ziele und entwickelt im Dialog mit den Fachkräften neue Ziele und Projekte.

LQ 4 Personalkompetenz

Die Leitungskraft nimmt mit Empathie und Sachversand ihre Personalführungsaufgabe wahr. Sie ist in der Lage, Konflikte und Konkurrenz offen zu thematisieren und produktiv zu wenden. Sie kann die berufliche Kompetenz der Fachkräfte und der anderen Mitarbeiter und Mitarbeiterinnen einzeln und im Team entwickeln und fördern.

Wie führt und fördert die Leitungskraft das Personal?
– Sie verfügt über ein Konzept der Personalgewinnung und -auswahl, das dem Programm der Einrichtung entspricht.
– Sie führt Personalentwicklungsgespräche und gibt darin gezielt persönliche Rückmeldungen.
– Sie spricht ihre Wertschätzung zur Arbeit der Fachkräfte öffentlich aus.
– Sie führt regelmäßige Personalgespräche über die gemeinsamen Zielvereinbarungen, um sie gleichzeitig auf Aktualität und Notwendigkeit zu überprüfen und gegebenenfalls zu modifizieren.
– Neben der differenzierten Umsetzung des Konzeptes praktiziert die Leitungskraft aktive Aufgabendelegation.
– Sie versteht es, vorhandene Fachkompetenzen und Zusatzqualifikationen der Fachkräfte optimal zu nutzen – auch zur Weiterentwicklung des Angebotsprofils der Einrichtung.

Wie leitet die Leitungskraft die Fachkräfte an?
– Sie holt die Fachkräfte dort ab, wo sie stehen, regt sie zur Auseinandersetzung mit Programm und Praxis der Einrichtung an und motiviert sie weiterzulernen.
– Sie setzt sich mit unterschiedlichen fachlichen Positionen auseinander und sucht mit den Fachkräften fachliche Übereinstimmungen zu erzielen.
– Sie versteht die Struktur und die Dynamik von Erwachsenengruppen und ist in der Lage, ihre Kräfte produktiv zu nutzen, nicht zuletzt mit Hilfe gruppendynamischer und systemischer Beratung und Supervision.

Wie geht die Leitungskraft mit Konflikt- und Konkurrenzsituationen um?
– Sie versteht Konflikt- und Konkurrenzsituationen grundsätzlich als Chance zur Überwindung von Blockaden und zur Veränderung.

– Sie kann sich in Konflikte und Widerstände einfühlen, kann sie erkennen, thematisieren und im fairen Austausch mit den Fachkräften und weiter Beteiligten durcharbeiten.

– Sie sucht Hilfe zu Konfliktlösungen auch außerhalb des Teams, wenn die Konflikte nicht teamintern bewältigt werden können.

LQ 5   Öffentlichkeitskompetenz

Die Leitungskraft engagiert sich fach- und berufspolitisch in der Öffentlichkeit und vertritt den fachpolitischen Auftrag der Einrichtung im Gemeinwesen sowie gegenüber den politischen Gremien.

Wie gestaltet die Leitung die Öffentlichkeitsarbeit der Kindertageseinrichtung?

– Die Leitungskraft kann vorhandene Beratungsinstitutionen (wie z. B. Fachberatung, Beratungsstellen für Kinder, Jugendliche und Eltern, Selbsthilfegruppen, berufspolitische Verbände u. a.) für die Arbeit der Kindertageseinrichtung interessieren und einbeziehen.

– Sie hat Ideen und Erfahrungen, wie sie die Arbeit der Einrichtung nach außen vertreten und in der Öffentlichkeit darstellen kann.

– Sie kann Entwicklungen ihrer Einrichtung dokumentieren und berichtet in Veröffentlichungen über die Arbeit und besondere Projekte mit Kindern und Eltern in Fachzeitschriften sowie im Rundfunk, im Fernsehen, der örtlichen und überregionalen Presse.

– Sie wirbt in der Öffentlichkeit für die konzeptionelle und finanzielle Unterstützungen ihrer Einrichtung.

Wie vertritt die Leitungskraft die Einrichtung im Gemeinwesen, in der Fachöffentlichkeit und den kommunalpolitischen Gremien?

– Sie vertritt die Anliegen der Kinder und ihrer Familien, des Personals und der Einrichtung insgesamt im Stadtteil, in fachlichen und politischen Gremien oder kann diese Aufgaben verlässlich delegieren.

– Sie initiiert und beteiligt sich aktiv an internen und externen Fachgruppen. Dabei setzt sie sich überzeugend für die Rechte der Kinder ein, sowie für die Weiterentwicklung einer berufspolitischen Interessenvertretung.

– Öffentliche Veranstaltungen des Trägers, der Kommune, im Gemeinwesen (z. B. Weltkindertag, Gemeindefest …) sowie Fachveranstaltungen werden von der Leitungskraft selbstverständlich durch Informationen, pädagogische Angebote, Fachbeiträge unterstützt und zur Werbung und zur Qualitätsdokumentation genutzt.

– Sie initiiert, delegiert und erstellt persönliche und schriftliche Stellungnahmen gegenüber den politisch Verantwortlichen zur aktuellen Entwicklung, zur Bedarfslage von Familien und bearbeitet kinder- und jugendhilfepolitische Anfragen.

– Im regelmäßigen Dialog mit den zuständigen Dezernenten, Trägervertretern, der Stadtelternvertretung sowie anderen Mitwirkungsgremien (Kinderbeirat, Frauenbeirat, Ausländerbeirat) stellt sie fachkompetent und verständlich Lage und Problematik der Kindertageserziehung dar und kämpft für deren permanente Reform.

Personalqualität (PQ)

Selbstreflexiv

Die Fachkraft ist in der Lage, sich selbstreflexiv mit Blick auf die eigene Lebensgeschichte im konkreten Alltagsgeschehen zu verorten. Sie kann – im Jetzt stehend – sich der eigenen Erfahrungen versichern und sie nutzen. Sie kann sich lustvoll für lebendige Entwicklungen und lebenslanges Lernen öffnen. Sie wendet sich mit Interesse und Achtung anderen zu, deren Bürger- und Grundrechte zu wahren ihr selbstverständlicher Auftrag und solidarische Verpflichtung ist.

PQ 1   Schlüsselqualifikation

Die Fachkräfte verfügen über eine gute Dialog- und Reflexionsfähigkeit, die sie befähigt, sich den an Überraschungen reichen, zumeist unübersichtlichen Praxissituationen als reflektierte Praktikerinnen und Praktiker (in der Synthese von Handeln und Nachdenken – reflection-in-action) zuzuwenden. Sie verfügen über eine gute Kontakt- und Beziehungsfähigkeit, sind kreativ im beruflichen Alltag und können ihn fachkompetent gestalten, stellen sich Konflikten und Konkurrenzsituationen, können planen und sind in der Lage, ihre Arbeitsergebnisse zu evaluieren. Sie sind aufgeschlossen für Kritik und engagieren sich für innovative Veränderungen.

Welches Verständnis haben die Fachkräfte von ihrer eigenen Persönlichkeit?
– Die Fachkräfte kennen ihre persönlichen Motive, Interessen und Zielsetzungen.
– Sie sind sich ihrer handlungsleitenden Werte und Normen bewusst.
– Sie haben ein Bewusstsein von sich selbst als Kind, ihrer eigenen Prägung und Emanzipation aus ihrer Herkunftsfamilie.
– Sie haben eine positive Einstellung zu lebenslangem Lernen.
– Sie sehen sich für die komplexe Vielfalt des Alltags zuständig.
– Sie setzen sich verantwortlich für die Entwicklung des Kindes und die Unterstützung seiner Familie ein.

– Sie schätzen ihre Fähigkeiten und Kompetenzen realistisch ein, d. h. sie bringen die Impulse der Minderwertigkeit (nämlich pädagogisch nichts zu erreichen) und des Größenwahns (alles erreichen zu wollen und für alle Entwicklungen verantwortlich zu sein) in eine konstruktive Balance.
– Sie kennen ihre Grenzen, können sie wahren und können sie besonnen und entschlossen überschreiten.

Wie balancieren die Fachkräfte das Wechselspiel zwischen Selbstwahrnehmung, Handlungsprozess und Reflexion der Handlung?

– Die Fachkräfte sehen sich in der Rolle der Begleitung und Unterstützung von Entwicklung. Sie sehen sich in diesem Prozess als Mitwirkende mit eigenen persönlichen Wachstumsinteressen.
– Sie betrachten die pädagogische Alltagspraxis als unmittelbare und wertvolle Erfahrung und nutzen die permanente Praxisreflexion als entscheidende Grundlage ihrer eigenen Kompetenzentwicklung.
– Sie bringen sich mit ihrer ganzen Persönlichkeit in die Arbeit ein, von der sie aber wissen, dass sie ihre pädagogische Rolle dramatisch beeinflusst, und reflektieren die eigene emotionale Verstrickung in konkreten Handlungssituationen, indem sie ihre innere Beteiligung gewissermaßen „von außen" reflexiv betrachten und untersuchen.
– Sie sind sich des Dilemmas bewusst, das zwischen Spontaneität und Kreativität einerseits und Routine und Erfahrung andererseits besteht, und können beides balancieren.

Wie gestalten die Fachkräfte den Kontakt und die Beziehungen zu Kindern, Eltern und untereinander?

– Die Fachkräfte begegnen den anderen mit Achtung, Zugewandtheit und Interesse. Sie betrachten diese als sich selbst aktiv entwickelnde Persönlichkeiten und suchen die Begegnung und den Dialog.
– Sie können verlässliche und kontinuierliche partnerschaftliche Beziehungen eingehen und finden heraus, wo und wie sie tatsächlich gebraucht werden.
– Sie verstehen Beobachten als Beachten und fragen nach, um die anderen besser zu verstehen.
– Sie unterscheiden zwischen den eigenen Wahrnehmungen, Wertungen, Interessen und Bedürfnissen und denen der anderen.
– Sie sind in der Lage, Erwartungen nicht selbstverständlich zu erfüllen und können begründet „nein" sagen.

– Sie tolerieren andere Haltungen, Werte und Normen, ohne sie voreilig zu diskriminieren.
– Sie können Kritik äußern und annehmen und regen andere zu kritischen Auseinandersetzungen an; dabei können sie Konflikte benennen und zu deren Lösung beitragen.
– Sie sind sich der in menschlichen Lebensverhältnissen grundsätzlich existierenden Konkurrenz bewusst und können sie konstruktiv bearbeiten.

Wie verhalten sich die Fachkräfte im überraschenden und unübersichtlichen Alltag der Kindertageseinrichtung?
– Die Fachkräfte rechnen im Planen und Handeln mit Überraschungen und sind offen für Neues.
– Sie passen die pädagogische Planung an die sich immer wieder spontan entwickelnden Verhältnisse an.
– Sie betrachten Praxiserfahrungen von sich und anderen als wichtige Erkenntnisquelle. Sie lernen vom Erfolg und betrachten auch Misserfolge als wertvolle Erfahrungen.
– Sie nehmen wahr, welche Lernchancen der chaotische Alltag bietet und nutzen alltägliche Abläufe und Ereignisse als Erfahrungs- und Entwicklungsraum, in dem Routine und Innovation einander ergänzen.
– Sie schätzen tastendes, entdeckendes Lernen. Sie versuchen, in ungewohnten Situationen neue Verhaltensweisen zu erproben und Lösungen zu erfinden.
– Sie werten ihre Arbeit aus, um die Wirkungen zu überprüfen und lassen die Erkenntnisse in neue Planungen einfließen.

PQ 2   Fachwissen und Handlungskompetenz

Die Fachkräfte verfügen über ein theoriegeleitetes Grundverständnis der Erziehungs- und Bildungsaufgaben. Sie kennen die wesentlichen sozialpädagogischen Handlungsprinzipien. Sie verfügen über das notwendige pädagogische und entwicklungspsychologische Fachwissen und haben sich Grundkenntnisse in den ergänzenden Fachgebieten wie Medizin, Recht und Verwaltung, Soziologie und Ökologie erworben. Sie kennen sich gut im Handlungsfeld aus und verfügen über didaktisch-methodische und organisatorische Kompetenzen, die sie im Alltag der Kindertageserziehung kreativ zu nutzen in der Lage sind.

Verfügen die Fachkräfte über ein theoriegeleitetes Grundverständnis der Erziehungs- und Bildungsaufgaben und wie entwickeln sie es weiter?
– Die Fachkräfte haben ein Verständnis der historischen Entwicklung zur Notwendigkeit institutioneller Kinderbetreuung und ihres rechtlichen Auftrags.
– Die Fachkräfte sind an pädagogischer Theorie interessiert. Das heißt, ihnen sind aus Praxis und Wissenschaft Persönlichkeiten bekannt, an deren Erkenntnissen sie sich fachlich orientieren.
– Die Fachkräfte können ihr Fachwissen nutzen, um ihre subjektiven Praxiserfahrungen besser zu verstehen.
– Das Team hat einen gemeinsamen pädagogischen Orientierungsrahmen.
– Es gibt eine fachliche Vision, über die im Team, mit Eltern und dem Träger gerungen und diskutiert wird und die das gegenwärtige Handeln orientiert.

Verfügen die Fachkräfte über das erforderliche Fachwissen in Psychologie und Pädagogik, um die Kinder tatsächlich zu verstehen und sie im Kontext der subjektiven Lebens- und Lerngeschichte in ihrer Entwicklung zu begleiten?
– Die Fachkräfte verstehen die kindliche Entwicklung und ihre Störungen (Wege und Irrwege).
– Die Fachkräfte beobachten kindliche Entwicklungsverläufe und nehmen Bindungsmuster wahr (Kind im Kontext familialer Beziehungswelten).

– Sie sehen das Kind in seinem Bemühen, in unterschiedlichen Gruppenkonstellationen einen ihm angemessenen Platz zu finden (Balance von Eigensinn und Gruppensinn).

Haben die Fachkräfte ausgewählte Kenntnisse aus anderen Wissensbereichen (Recht und Verwaltung, Medizin, Soziologie, Ökologie), die sie in ihrem Arbeitsfeld einsetzen können?
– Recht und Verwaltung: Schlüsselparagraphen des KJHG sind bekannt; die Fachkräfte haben ein Rechtsverständnis zum Thema Aufsichtspflicht und Haftung und verfügen über Kenntnisse von Verwaltungsstrukturen.
– Medizin: Sie kennen typische Symptome kindlicher Erkrankungen und sind informiert über gesundheitliche Entwicklungen und Gefährdungen von Kindern.
– Soziologie: Sie wissen um die Beziehungen und Wechselwirkungen in sozialen Systemen, die Kinder unmittelbar oder indirekt beeinflussen (Familie, Umfeld, Arbeitswelt der Eltern, Kindergarten).
– Ökologie: Sie setzen sich mit Umweltfragen auseinander und können ihr Wissen in aktuellen Situationen einbringen.

Verfügen die Fachkräfte über Methodenkenntnisse, die sie im Alltagshandeln kompetent einsetzen können?
– Sie sind geübt in der Beobachtung und Wahrnehmung von Verhalten.
– Sie kennen und nutzen Methoden der Gesprächsführung in der Arbeit mit Kindern und Erwachsenen – insbesondere in Situationen, die besonderer Klärung bedürfen.
– Sie unterstützen und moderieren Entwicklungsprozesse bei einzelnen Kindern und Gruppen.
– Sie geben Impulse für Spiel und Spaß, die die bedeutungs- und beziehungsmäßige sowie die atmosphärische Qualität des Zusammenlebens bereichern.

Werden Wege gesucht, die den Prozess weiterer fachlicher Qualifizierung unterstützen?
– Die Fachkräfte lernen an ihren eigenen Erfolgen und bauen sie aus.
– In Teamsitzungen wird hauptsächlich über Fachfragen diskutiert.
– Das Team nimmt Kontakt zu anderen Fachkräften im Praxisfeld auf.
– Fortbildungen dienen der Auseinandersetzung mit schwierigen und offenen Fragen.

– Supervision wird selbstverständlich genutzt, um Zweifel zuzulassen und produktiv zu klären.
– Fachliteratur wird zielgerichtet, an konkreten Fragen orientiert, gelesen und reflektiert (sowohl allein wie gemeinsam).

PQ 3 Teamqualität

Teamqualität bedeutet, in kollegialer Auseinandersetzung Gemeinsames aus Unterschieden zu schaffen: in Bezug auf die Konzeption, das Programm, die Methoden und Beziehungen. Sie entwickelt sich aus der Bereitschaft, sich selbst in gemeinsamer Verantwortung für beste Fachpraxis im Kontext mit den anderen zu verstehen und zu handeln. Ein Team lebt von seiner Vielfalt und Verschiedenheit und ist damit als Ganzes mehr als die Summe seiner Teile. Teamqualität erweist sich darin, dass die der Zusammenarbeit innewohnenden Ressourcen und Potentiale optimal ausgeschöpft und weiterentwickelt werden.

Wie wird der Auftrag der Institution wahrgenommen?
– Die Teams identifizieren sich mit den Aufgaben und Zielen der Einrichtung und wirken mit an der Weiterentwicklung des Aufgabenprofils.
– Die Teams haben gemeinsame Visionen und setzen sich hohe, aber erreichbare Ziele.
– Die Teams verstehen sich als Fachgruppen, die auch über die Einrichtung hinaus im Gemeinwesen aktiv sind.
– Die Teams nehmen ihren besonderen fachlichen Auftrag in Bezug auf die Leitung und den Träger wahr, die sie stützen und kritisieren und an die sie Ansprüche und Erwartungen richten.

Wie werden die fachlichen Aufgaben der Teams wahrgenommen?
– Es gibt regelmäßige (1x wöchentlich) Arbeitsbesprechungen in den Teams, das der wesentliche Ort der fachlichen Information und Auseinandersetzung ist.
– Es besteht Klarheit darüber, wer daran teilnimmt.
– Die Teambesprechungen haben eine Struktur (Ort, Zeit, Raum, Ergebnissicherung und Gesprächsleitung).
– Die Tagesordnungspunkte werden rechtzeitig vor den Teambesprechungen bekannt gegeben und vorbereitet.

- Die Teams setzen Prioritäten und arbeiten nach einem Zeitplan.
- Die pädagogische Praxis wird als Kernaufgabe der Teams ausführlich und regelmäßig miteinander besprochen und klar definiert.
- Die Teams nutzen regelmäßig Supervision zur Reflexion des pädagogischen Alltags.

Welche Entscheidungs- und Mitwirkungsstrukturen sind vorhanden?
- Alle Teammitglieder erhalten die Informationen, die sie zur Erfüllung ihres Auftrages benötigen; es gibt Methoden und Instrumente, die den Informationsfluss unter den Fachkräften sichern.
- Entscheidungen werden durch sachgerechte Informationen vorbereitet und unter Abwägung von Argumenten und Gegenargumenten in fairer Diskussion getroffen.
- Die Teams nutzen Raum und Zeit, sich über Fragen, Probleme und Konflikte zu verständigen und Einigungsprozesse herbeizuführen, die alle mittragen können, wobei Minderheiten berücksichtigt werden.
- Die Teams kennen mögliche Entscheidungsverfahren und wählen die jeweils angemessene Form; Entscheidungen werden dokumentiert, sind verbindlich und werden auf ihre Einhaltung hin überprüft.
- Es besteht Klarheit über Aufgabe, Rolle und Kompetenz der einzelnen Mitglieder.
- Die unterschiedlichen Rollen und Arbeitsteilungen sowie die Fähigkeiten aller Mitglieder werden produktiv genutzt.
- Die Anleitung von Praktikantinnen und Praktikanten ist personell und zeitlich im Dienstplan abgesichert.
- Die Teams werten ihre Arbeit und die Teamprozesse aus.
- Die Fachkräfte nutzen die ihnen gebotenen Möglichkeiten regionaler und überregionaler Fortbildung, Beratung und Supervision.

Was zeichnet die Teamkultur aus?
- Die Fachkräfte verstehen sich als Teil des Ganzen im institutionellen Kontext, sie sind motiviert und engagiert in ihrer pädagogischen Arbeit und interessiert an der Zusammenarbeit im Team.
- Die Fachkräfte sind innovativ, haben Spaß und Freude am gemeinsamen Gestalten und entwickeln Teamgeist.
- Die Teams sind offen für Kolleginnen und Kollegen unterschiedlichen Alters, Nationalität, Herkunft und Ausbildung.
- Die Teams zeigen Interesse am Wohlergehen und am persönlichen und fachlichen Wachstum ihrer Mitglieder.

– Die Arbeitszufriedenheit der Fachkräfte ist hoch, der Krankenstand und die Fehlzeiten sind niedrig.
– Die Fachkräfte sind in der Lage sich selbst, ihre Bedürfnisse und Ansichten zu vertreten und die der anderen zu verstehen und anzuerkennen.
– Konflikte werden als Chance zur Entwicklung verstanden und offen thematisiert.
– In den Teams besteht ein faires wechselseitiges Geben und Nehmen; im Interesse des fachlichen Auftrages werden Beziehungen in der Arbeit geklärt. Konkurrenz wird konstruktiv genutzt.
– Neue Fachkräfte werden angemessen in die Arbeit eingeführt, erhalten Anleitung und Unterstützung; Fachkräfte, die die Einrichtung verlassen, werden angemessen verabschiedet.
– Es gibt einen reflektierten Umgang mit der Geschichte und Gegenwart des Teams; sie werden weder durch „Mythen" verschleiert noch durch unkontrollierte Gerüchte verstellt.
– Neue Ideen und gewachsene Traditionen werden konstruktiv vermittelt.
– Es bestehen Kontakte über die Teams hinaus zu anderen, für Kinder, Eltern und Fachkräfte, wichtigen Personen und Institutionen.

Wie werden die Wirtschaftskräfte in die pädagogische Arbeit einbezogen?
– Bei der Auswahl der Hauswirtschaftskräfte wird darauf geachtet, dass sie zur Kontaktaufnahme mit Kindern bereit sind und Freude an der Arbeit mit Kindern haben.
– Es wird darauf geachtet, dass Pädagogik und Alltagsversorgung ineinandergreifen.
– Es gibt eine gegenseitige berufliche Wertschätzung von Menschen in unterschiedlichen Arbeitsbereichen.

Einrichtungs- und Raumqualität (E+RQ)

Die Gestaltung und Ausstattung der Innen- und Außenräume der Kindertageseinrichtung ist ein strukturelles Qualitätsmerkmal. Sie wirken eigenständig als Milieu und entfalten zugleich im Kontext der pädagogischen Programme und Prozesse ihre besondere Wirkung. Ihre Beschaffenheit (Material), ihre Ästhetik (Gestaltung), ihre Großzügigkeit und Vielfältigkeit (Reichtum) schaffen eine bestimmte Atmosphäre, eröffnen Spielräume und vermitteln emotionale Botschaften, die die Entwicklung und das Lernen von Kindern fördern; sie ermöglichen als gestaltete und gestaltbare Handlungsfelder kreatives Erleben und Lernen, soziale Partizipation, gemeinschaftliche Erfahrung und persönliches Wohlbefinden.

E+RQ 1   Präsenz und Umfeldbezug

Die Einrichtung ist im Umfeld sichtbar und tritt räumlich in besonderer Weise als Einrichtung der Kindertageserziehung auf. Sie ist in das Umfeld eingebunden. Das Raumangebot ist auf die besonderen Möglichkeiten und Bedürfnissen im Umfeld bezogen.

Ist die Kindertageseinrichtung in ihrem Umfeld zu erkennen und eingebunden?
– Der Weg zur Einrichtung ist beschildert.
– Die Einrichtung hat einen Namen (der möglicherweise Programm ist).
– Die Einrichtung ist für ihre Besucher problemlos erreichbar und gut zugänglich. Das gilt für Kinder wie für Erwachsene, für Menschen mit Gehbehinderungen ebenso wie für Eltern mit Kinderwagen.
– Kinder können die Einrichtung zu Fuß, mit dem Fahrrad oder mit öffentlichen Verkehrsmitteln gut erreichen. Die Erreichbarkeit wird nicht durch die Verkehrssituation im Umfeld erschwert oder eingeschränkt. Dies gilt auch für mögliche Gefahren durch den Bringe- und Abholverkehr Auto fahrender Eltern.

Welcher Bezug besteht zwischen dem Raumangebot der Kindertages-einrichtung und den besonderen Möglichkeiten und Bedürfnissen des Umfelds?

– Die Kindertageseinrichtung verfügt über ein großzügiges Außen-gelände, das generell oder zu bestimmten Zeiten (abends, am Wo-chenende) für Kinder, Jugendliche und Erwachsene des Umfelds geöffnet ist.

– Das Raumangebot der Kindertageseinrichtung ist so gestaltet, dass auch informelle, soziale, pädagogische, kulturelle und politische Ak-tivitäten und Initiativen des Umfelds in der Einrichtung möglich sind (z. B. Familienfeiern, Vätertreffs, Theatergruppen, Kochkurse, Stadt-teilarbeitskreise, Zukunftswerkstätten etc.).

– In der Kindertageseinrichtung sind möglicherweise andere soziale und kulturelle Angebote integrierbar (z. B. Stadtteil- oder Kinderbib-liothek, soziale Dienste und Beratungsangebote), die die Kinderta-geseinrichtung zu einem multifunktionalen Zentrum für ein Quar-tier/einen Stadtteil machen.

– Das Raumangebot der Kindertageseinrichtung erlaubt die zusätzli-che Nutzung durch Cafébetrieb, Eltern- und Kinderbistro, Second-Hand-Laden etc.

E+RQ 2   Atmosphäre

Die architektonische Gestaltung und die Ausstattung der Innen- und Außenräume der Kindertageseinrichtung vermittelt eine offe-ne, positive, freundliche Atmosphäre und ermöglicht die Verwirk-lichung des programmatischen Konzepts.

Vermittelt die Kindertageseinrichtung ihren Besuchern (regelmäßi-gen Nutzern sowie Fremden) eine offene, positive und freundliche Atmosphäre?

– Die Einrichtung lädt zum Betreten ein, Türen und Tore sind nicht ver-schlossen.

– Es gibt Sitzgruppen im Innen- und Außenbereich, die zum Verwei-len einladen.

– Informationen über das Haus werden Kindern und Erwachsenen in attraktiver und anschaulicher Form vermittelt.

Ist in der Gestaltung und Ausstattung der Innen- und Außenräume das programmatische Konzept der Kindertageseinrichtung zu erkennen?

– Dem Besucher und den regelmäßigen Nutzern werden Informationen über Programm und Alltag der Einrichtung angeboten.
– Produkte von Kindern werden ausgestellt. Dabei werden auch Einzel- oder Gemeinschaftsprodukte in besonderer Weise herausgestellt.
– Dokumentationen von Alltagsgeschehen und besonderen Aktivitäten und Ereignissen werden präsentiert.
– Eltern und erwachsenen Besuchern werden zusätzliche Informationen offen angeboten (z. B. Fachzeitschriften und Fachbücher, das schriftliche Konzept der Einrichtung etc.).
– Die Räume der Kindertageseinrichtung sind für Kinder und Erwachsene frei zugänglich, sie laden zum Verweilen ein und fordern die eigene Aktivität heraus.
– Sie ermöglichen Kindern und Erwachsenen auch das distanzierte Beobachten des Geschehens.

E+RQ 3   Funktionalität

Die Einrichtung und die Räume sind programm- und funktionsgerecht gestaltet und ermöglichen die Befriedigung der Grundbedürfnisse der Nutzer und Nutzergruppen z. B. nach Versorgung, Begegnung, Vereinzelung, unbeobachtetem Rückzug, Bewegung und Aktion.

In welcher Weise ermöglichen die Innen- und Außenräume die Umsetzung des Programms der Kindertageseinrichtung?

– Essenszubereitung und -einnahme, Körperpflege und -hygiene, Ruhe und Erholung sind in einer Weise möglich, die den Anforderungen umfassender Programm- und Prozessqualität entspricht.
– Die Begegnung und das Zusammenfinden in unterschiedlichen Gruppenkonstellationen (einzeln, Klein- und Freundschaftsgruppen, Großgruppen, Kinder und Erwachsene, Kinder ohne Erwachsene, Erwachsene ohne Kinder etc.) sind möglich und werden durch die räumliche Gestaltung inspiriert.
– Es gibt für Kinder – und Erwachsene – die Möglichkeit, sich aus dem Gruppengeschehen zurückzuziehen und einzeln oder in Kleingrup-

pen unbeobachtet zu sein. Dazu gibt es Räume, Nischen, Höhlen, im Außenbereich Gebüsch und Kuhlen.
– Dem Bewegungs- und Aktionsbedürfnis von Kindern wird im Innen- und Außenbereich Raum gegeben. Die räumliche Gestaltung fordert zur Bewegung heraus (z. B. durch Treppen und Höhenunterschiede, Schaukeln, Seile, Hängematten, Kletterbäume etc.).

E+RQ 4 Erfahrungsraum

Die Einrichtung ermöglicht lebendige Erfahrungen und die Begegnung und Erkundung der Alltagswirklichkeit (wie Küche, Werkstatt, Büro, Stall, usf.). Sie erlaubt entwicklungsfördernde Erfahrungen mit Materialien und Elementen, beispielsweise kann mit Feuer, Wasser, Erde, Luft frei experimentierend umgegangen werden.

Welche Möglichkeiten gibt es, im Alltag vielfältige Erfahrungen zu machen und auf unterschiedliche Weise produktiv tätig zu werden?
– Die Küche ist frei zugänglich und kann von Kindern genutzt werden.
– Es gibt frei zugängliche Werkstätten, in denen Dinge produziert, zerlegt und repariert werden können.
– Unterschiedliche Tätigkeitsbereiche sind vorhanden und frei zugänglich (Ateliers, Kreativräume, Werkstätten etc.), in denen mit vielfältigen Materialien und Medien gearbeitet und experimentiert werden kann (z. B. Farbe, Ton, Holz, Computer, Musik etc.).
– Die Kinder können an den organisatorischen und administrativen Tätigkeiten der Erwachsenen teilhaben (das Büro ist für Kinder zugänglich, es gibt auch einen Arbeitsplatz für Kinder im Büro, das Telefon ist für Kinder erreichbar etc.).
– Tiere in der Einrichtung zu halten ist möglich.

Welche Möglichkeiten gibt es, mit unterschiedlichen Naturmaterialien umzugehen?
– Die Waschräume erlauben das lustvolle Spielen und Experimentieren mit Wasser. Es gibt große Becken, Dusch- oder Badewannen und Bodenabläufe. Die Waschräume sind einladend originell, beheizt und gut belüftet. Sie haben Fenster.
– Im Außengelände gibt es eine frei zugängliche Wasserquelle.

- Im Außengelände kann mit Wasser, Erde und Sand umgegangen werden. „Matschen" ist möglich.
- Das Außengelände ist vielfältig bepflanzt. Es gibt Holunder, Haselsträucher, Beerensträucher, Weiden, Blumen, Rankgewächse und andere.
- Im Außengelände gibt es Kletterbäume. Daran können auch Seile und Schaukeln befestigt werden.
- Es gibt eine Feuerstelle.
- Es gibt eine Fahne, Windspiele, Windharfen etc.

E+RQ 5   Partizipation

Bei der Planung und Gestaltung der Kindertageseinrichtung, ihrer Räume und ihres Außenbereichs werden Fachkräfte, Eltern und Kinder miteinbezogen. Die Gestaltung der Räume ist veränderbar. Kinder können ihre Räume selbst verändern und gestalten.

Wie werden Fachkräfte, Eltern und Kinder bei der Planung der Kindertageseinrichtung miteinbezogen?
- Bei Neubauten und Umgestaltungen gibt es einen regelmäßigen Arbeitszusammenhang zwischen pädagogischen Fachkräften und Planern; die Zusammenarbeit mit den pädagogischen Fachkräften ist im Arbeitsauftrag der Planer enthalten, so dass die pädagogischen Fachkräfte bereits in der Planungsphase einbezogen werden können und an der Planung als Teil ihres Arbeitsauftrags mitwirken.
- Bei der Planung werden die besonderen Bedürfnisse der zukünftigen Nutzer berücksichtigt (Kinder, Eltern, Fachkräfte). Sie werden in den Planungsprozess einbezogen.

Erlaubt die bauliche Gestaltung der Kindertageseinrichtung eine Veränderung der Raumgestaltung und -nutzung?
- Möbel können verrückt werden, Wände können gestaltet, bemalt, beklebt werden.
- Podeste, Spielebenen und -einbauten lassen unterschiedliche Nutzungen zu; sie können verändert, erweitert und umgestaltet werden. Ihre Konstruktion und ihr Material ermöglicht dies auch handwerklichen Laien.

Wie können Kinder ihre Räume im Alltag selbst verändern und gestalten?

– Materialien zur Gestaltung und Veränderung von Räumen sind frei zugänglich (z. B. Kartons, Decken, Tücher etc.).
– An Wänden, Decken, Möbeln, Einbauten etc. können diese Materialien von Kindern befestigt werden. Dazu gibt es Vorsprünge, Öffnungen, Haken, Stangen etc.
– Es gibt bewegliche Kästen und Podeste.
– Im Außenbereich können Kinder graben. Sie können Verstecke und Hütten bauen. Dazu gibt es Werkzeuge, Baumaterialien (Bretter, Seile, Nägel etc.). Die Bepflanzung kann in das Spiel miteinbezogen werden, Zweige können gebogen, geflochten und auch abgerissen werden.

E+RQ 6   Raumerfahrung

Es ist räumlich ein Perspektivenwechsel möglich. Kinder können unterschiedliche „Standpunkte" einnehmen. Ihre Wahrnehmung wird durch eine Vielfalt von Materialien angeregt.

Welche Möglichkeiten bestehen in der Einrichtung, um Dinge und Personen aus unterschiedlicher Perspektive wahrzunehmen?

– Es gibt unterschiedliche Raumhöhen, die den Blick von ganz oben oder ganz unten eröffnen.
– Es gibt Höhlen und erhöhte, offene und geschlossene Bereiche, die hell und dunkel sind, von denen aus auch versteckte Beobachtungen möglich sind, ohne selbst gesehen zu werden.

Sind die verwendeten Materialien vielfältig und anregend?

– Transparenz charakterisiert das Gebäude. Es erlaubt zahlreiche Aus-, Ein- und Durchblicke.
– Es werden unterschiedliche Materialien verwandt, die die Sinne (Sehen, Tasten, Fühlen, Riechen, Hören) anregen. Sie sehen interessant aus, fühlen sich unterschiedlich an und riechen gut.
– Kinder können Spuren am Material hinterlassen.

E+RQ 7   Bauausführung

Die Einrichtung entspricht baubiologischen und sicherheitstechnischen Standards.

Entspricht der Bau den sicherheitstechnischen Richtlinien und Normen?
– Die Planung und Ausführung des Baus entsprechen den einschlägigen Anforderungen (Richtlinien der gesetzlichen Unfallversicherung „GUV 16.4", Bauordnungen der Länder, DIN 7926 „Kinderspielgeräte" etc.).
– Das bauliche und pädagogische Konzept der Einrichtung wird in Kenntnis und im Rahmen der einschlägigen sicherheitstechnischen Bestimmungen realisiert. Es wird von ihnen jedoch nicht dominiert.

Entspricht der Bau den baubiologischen Grundanforderungen?
– Es werden keine Materialien verwandt, deren gesundheitsschädigende Wirkung bekannt ist, oder die im Verdacht stehen, gesundheitsschädigend zu sein.
– Es werden Materialien verwandt, die sich fördernd auf Raumklima und Wohlbefinden auswirken. Diese Materialien sind atmungsfähig, können Feuchtigkeit absorbieren und abgeben, absorbieren Gerüche und können Wärme speichern sowie abgeben und vermindern unvermeidbaren Lärm.

Trägerqualität (TQ)

Die Qualität eines Trägers in der Kindertageserziehung erweist sich daran, inwieweit die Praxis der Einrichtungen sowohl strukturiert als auch für Veränderungen offen gehalten wird. Ein guter Träger balanciert insofern Festlegung und Bewegung von Programm und Praxis. Er ermöglicht im verbindlichen Rahmen den organisierten Wandel. Dabei erfüllt er Fach- und Managementaufgaben nach innen wie nach außen. Der Träger begreift Bedarf, Nachfrage und Auftrag in der Kindertageserziehung als Entwicklungsaufgabe einer lernenden Institution, die selbst- und gemeinwohlinteressiert ist. Der Träger erfüllt seine Verantwortung in doppelter Weise: Er sichert den organisatorischen Rahmen und erfüllt zugleich Service- sowie Initiativfunktionen für die gesamte Praxis der Kindertageseinrichtungen.

TQ 1   Institutionelle Form

Träger von Einrichtungen der Kindertageserziehung bedürfen einer bestimmten Form, die der besonderen Komplexität pädagogischer Praxis entspricht. Sie sollen die vielfältige Praxis institutionell sichern und deren ständige Weiterentwicklung fördern. Sie nehmen Verantwortung als zentrale Managementaufgabe nach innen und außen wahr und ermöglichen und ermutigen konstruktive Mitwirkung aller Beteiligten.

Welche institutionellen Strukturen zeichnen den Träger aus?
– Es gibt durchschaubare Strukturen mit geklärten Verantwortungsbereichen (z. B. Vorstand, Geschäftsführung, Verwaltung, Leitung der Einrichtungen).
– Die organisatorischen Regelungen entsprechen den Erfordernissen der pädagogischen Praxis, deren Entwicklung sie fördern und die sie selbst für ihre eigene Weiterentwicklung nutzen.

Wie ermöglicht der Träger die konstruktive Mitwirkung aller Beteiligten?
– Der Träger organisiert einen kontinuierlichen Austausch aller Beteiligten und aller Ebenen (z. B. Fachkräfte, Eltern, Sponsoren, Gremien).
– Der Träger ist an den Erfahrungen und Anregungen aus dem Kreis der Mitarbeiterinnen und Mitarbeiter sowie der Gremien interessiert, die er für die Verbesserung des Angebotes nutzt.
– Er entwickelt verbindliche Formen der Beteiligung, um Management-, Strategie- und Programmentscheidungen demokratisch zu legitimieren.

TQ 2   Gesetzlicher Auftrag

Trägerqualität erweist sich grundsätzlich daran, dass die im Kinder- und Jugendhilfegesetz (KJHG) verankerten Aufgaben der Jugendhilfe in der Kindertagesbetreuung erfüllt werden, die vom Träger im Dialog mit der Kindertageseinrichtung kreativ weiterentwickelt werden.

Wie anerkennt und realisiert der Träger die richtungsweisenden gesetzlichen Bestimmungen?
– Der Träger erfüllt die im KJHG ausgeführten Anforderungen an Tageseinrichtungen für Kinder sowie die rechtlichen Regelungen des Landes, der Kommune und der Freien Verbände.
– Der Träger erfüllt in der Kindertageseinrichtung insbesondere die Aufgabe der Betreuung, Bildung und Erziehung (§ 22 Abs. 2 KJHG).
– Er stellt für jedes Kindergartenkind einen Platz zur Verfügung und bietet ein bedarfsgerechtes Angebot für Kinder unter 3 Jahren und für Schulkinder.
– Er schafft dem Bedarf entsprechend Ganztagsplätze bzw. entwickelt besondere, den örtlichen Gegebenheiten und Bedürfnissen entsprechende Angebote.

TQ 3   Politische Verantwortung

> Der Träger engagiert sich öffentlich für die sozial-, kinder- sowie fa-
> milienpolitischen Belange des Gemeinwesens.

**Wie engagiert sich der Träger für die Entwicklung eines sozial-, kin-
der- und familienpolitischen Programms?**
– Der Träger tritt öffentlich und entschlossen für entwickelte Formen guter Kindertageserziehung ein, deren Förderung ihm besonderes Anliegen ist.
– Er übernimmt deutlich Verantwortung für die Qualität der Rahmenbedingungen der Kindertageserziehung.
– Er stellt den quantitativen und qualitativen Ausbau bedarfsgerecht
  sicher und erwirkt die Bereitstellung der dafür erforderlichen finanziellen Mittel.
– Der Träger unterstützt die für die Entwicklung eines bedarfsgerechten Angebots der Kindertageserziehung notwendigen politischen Entscheidungen, indem er auf den Dialog und die fachkompetenten
  Stellungnahmen der Fachkräfte, der Eltern, der politischen Gremien
  sowie der Öffentlichkeit setzt.

**Wird das sozial-, kinder- und familienpolitische Programm des Trä-
gers in der Öffentlichkeit sichtbar und vertreten?**
– Der Träger betreibt eine gezielte Öffentlichkeitsarbeit, sucht den Kontakt zu den verschiedenen Medien und informiert – je nach Notwendigkeit – auf der regionalen, überregionalen oder nationalen Ebene.
– Der Träger entwickelt Formen der öffentlichen Auseinandersetzung
  über Fragen der Kindertageserziehung, die zugleich eine Gelegenheit bieten, das eigene Profil (Strategie- und Programmkonzept) in
  der Öffentlichkeit darzustellen.
– Der Träger beteiligt sich an Veranstaltungen anderer Träger der Kindertageserziehung und mischt sich in die öffentliche sozial-, kinder-
  und familienpolitische Auseinandersetzung im Gemeinwesen ein.

TQ 4   Planungsverantwortung im Jugendhilfebereich

> Der Träger entwickelt seine Angebote im Rahmen der örtlichen Jugendhilfeplanung und orientiert sie flexibel und erfinderisch am Bedarf der Familien, die Kindertagesangebote in einer bestimmten Region nachfragen (§ 80 KJHG).

Wie löst der Träger seine Planungsverantwortung ein?
- Der Träger ermittelt regelmäßig den örtlichen Bedarf in seinem Einzugsgebiet und richtet seine Planungen danach aus.
- Der Träger beteiligt die Eltern, Kinder und die Fachkräfte sowie die Fachöffentlichkeit am Prozess der Planung von Angeboten der Kindertageserziehung.
- Der Träger stimmt seine Planung mit der überörtlichen Ebene und mit den anderen Trägern ab.
- Der Träger setzt sich aktiv auf allen Ebenen für die Umsetzung seiner Angebotsplanung ein.
- Der Träger schreibt seine Planung fort und passt sie neuen Gegebenheiten und veränderten Ausgangssituationen an. Er begreift Planungsverantwortung als Prozess.

TQ 5   Managementverantwortung

> Der Träger nimmt seine Management- und Finanzierungsverantwortung offensiv zur Sicherung der wirtschaftlichen Rahmenbedingungen eines optimalen Leistungsangebots wahr.

Wie sichert der Träger ein effektives Management im Betrieb?
- Der Träger schafft die Voraussetzung für effektive Organisations- und Verwaltungsstrukturen. Er klärt Zuständigkeiten und Verantwortlichkeiten und sorgt für eine optimale Betriebsführung.
- Er sorgt für die Erfüllung des Stellenplans, sichert eine programmbezogene Personalplanung und -gewinnung und kontrolliert einen effizienten Personaleinsatz.

Wie sichert der Träger die ökonomischen Grundlagen der Einrichtung?
- Der Träger betreibt aktiv die Erschließung der für die Betriebsführung notwendigen Finanzmittel.

– Darüber hinaus erschließt er zusätzliche Mittel (z. B. über Spenden, Sponsorenmittel, eigene Erträge), um das Angebot der Kindertageseinrichtungen zu erweitern.
– Er übernimmt die haushaltsrechtliche Verantwortung und sichert die Haushaltsplanung, -umsetzung und -überwachung.
– Der Träger nutzt Budgetierungsverfahren, um ein eigenständiges verantwortungsbewusstes Management zur optimalen Ausschöpfung der Ressourcen durch die Leitungskräfte der Einrichtung zu ermöglichen.
– Er überprüft und sichert die Wirtschaftlichkeit der Kindertageseinrichtung, deren Qualität für ihn verbindlicher Handlungsmaßstab ist.
– Zur Sicherung der wirtschaftlichen Grundlage erhebt der Träger ein angemessenes, sozialverträgliches Entgelt der Nutzer.
– Zur Unterstützung bedürftiger Nutzer entwickelt der Träger gezielte Fördermaßnahmen (z. B. einen Fonds, Förderverein, Vergabe von Freiplätzen).

TQ 6   Qualitätsmanagementverantwortung

Der Träger engagiert sich als oberste Leitungsebene für Qualitätsmanagement und Qualitätssicherung in der Einrichtung.

Was leistet der Träger zum Aufbau und zur Sicherung der Qualität?
– Der Träger macht Qualitätsmanagement zu seiner Aufgabe, initiiert Prozesse, beteiligt sich engagiert, vertritt sie nach außen und stellt die dafür notwendigen Ressourcen zur Verfügung.
– Er betrachtet und fördert die Einrichtung als „lernendes Unternehmen", setzt neue Ziele, bestimmt und entwickelt bestmögliche Praxisstandards.
– Der Träger fordert und fördert die Entwicklung eines differenzierten Einrichtungskonzepts, das das „ganze Haus" gleichbleibend auf gute Qualität hin orientiert.
– Der Träger fördert im Rahmen seines Gesamtkonzeptes die Herausbildung spezifischer Angebotsprofile.

Welches Personalentwicklungskonzept verfolgt der Träger?
– Der Träger sichert die sorgfältige Auswahl der Führungskräfte, deren Weiterqualifizierung er betreibt.

- Der Träger ermöglicht eine ständige Personalentwicklung durch gezielte und verbindliche Angebote der Fachberatung, Fort- und Weiterbildung und Supervision.
- Der Träger anerkennt und honoriert das qualifizierte pädagogische Handeln des Fachpersonals durch öffentliche bzw. finanzielle Anerkennung.
- Der Träger stellt die Kindertageseinrichtung als Ausbildungsstätte zur Verfügung und hat ein differenziertes Konzept zur Praktikantinnenanleitung.

Wie setzt sich der Träger für Qualitätskontrolle ein?

- Der Träger veranlasst und unterstützt eine verlässliche Dokumentation von Prozess- und Ergebnisdaten, die eine unverzichtbare empirische Grundlage für ein umfassendes Qualitätsmanagement in der Einrichtung abgeben.
- Er initiiert und verantwortet regelmäßig die Durchführung von einrichtungsinternen Qualitätsevaluationen (Selbstevaluation durch die Fachkräfte) und öffnet die Einrichtung für externe Qualitätskontrollen (z. B. mit Hilfe empirischer Erhebungsverfahren wie KES[10]).

10 Tietze Wolfgang u. a., Kindergarten-Einschätz-Skala, a. a. O.

Kosten-Nutzen-Qualität (KNQ)

In einer guten Kindertageseinrichtung besteht ein optimales Ko-sten-Nutzen-Verhältnis, ist die Kosteneffizienz hoch. Das heißt, es wird bei möglichst sparsamem Mitteleinsatz ein möglichst gutes Leistungsangebot gemacht. Von den Kostenträgern und Nutzern werden nur die finanziellen Zuwendungen und Beiträge abver-langt, die ohne Minderung der Leistungsqualität nach Lage der Dinge (beispielsweise in Anbetracht der verfügbaren und mobili-sierbaren Mittel, des tariflichen Personalkostenrahmens und des durchschnittlichen Sachkostenniveaus) und bei Berücksichtigung gegenwärtig gültiger Standards bester Fachpraxis unvermeidbar sind.

Kosten-Nutzen-Qualität zeigt sich auch daran, dass die Mittel, die möglichst aus mehreren Quellen stammen (Mittel vom Kosten-träger, durch Nutzerbeiträge, aus erwirtschafteten Einkünften, aus Drittmitteln), nicht allein gezielt und sparsam eingesetzt werden, sondern dass der Mitteleinsatz auf seine Effekte hin transparent do-kumentiert und kontrolliert wird. Dabei ist der Arbeitskräfteeinsatz effektiv, die Kapazitätsauslastung der Einrichtung und die Zufrie-denheit mit den wirtschaftlichen Bedingungen der Einrichtung hoch. Alle diese Faktoren wirken zusammen dahin, dass die Einrichtung auf dem Markt der sozialpädagogischen Dienstleistungsangebote eine starke Stellung hat und akzeptiert ist.

KNQ 1 Sichere Finanzbasis

Die Kindertageseinrichtung verfügt über ausreichende und mittel-fristig sicher erwartbare Einnahmen (Erträge) aus möglichst unter-schiedlichen Quellen, um auf sich verändernde ökonomische Be-dingungen möglichst flexibel reagieren zu können und finanzielle Spielräume zur Ausgestaltung der fachlichen Qualität des Leis-tungsangebotes zu gewinnen. Dabei werden alle (gesetzlich und politisch) möglichen öffentlichen Zuwendungen genutzt, zugleich jedoch, neben bezahlbaren Beiträgen der Nutzer, möglichst Dritt-mittel eingeworben und auch eigene Einnahmen erzielt.

Wie wird eine sichere Finanzbasis für die Arbeit der Einrichtung geschaffen?

– Leitung und Fachkräfte der Kindertageseinrichtung halten engen Kontakt zu Zuwendungsgebern und Trägern, denen sie ihr programmatisch und methodisch bedarfsgerecht entwickeltes Leistungsangebot bekannt machen.

– Die Kindertageseinrichtung verfügt über eine institutionelle Förderung oder hat mit den Zuwendungsgebern mittelfristige Leistungsverträge abgeschlossen.

Wie gelingt es, außer den Zuwendungen und Nutzerentgelten zusätzliche Einnahmen zu erzielen?

– Die Kindertageseinrichtung wirbt Spenden oder zusätzliche Projektmittel ein (z. B. zur Integration von Kindern mit und ohne Behinderungen/zur Förderung von ausländischen Kindern/für besondere pädagogische Projekte).

– Die Kindertageseinrichtung erwirtschaftet eigene Erträge (beispielsweise über eigene Unternehmungen wie Publikationen, Elterncafés, Veranstaltungen, Second-Hand-Läden oder auch Spielwarenladen).

KNQ 2   Kostentransparenz und Kostendifferenzierung

Die betriebswirtschaftlichen Vorgänge sind umfassend dokumentiert und weisen eine übersichtliche Einnahmen- und Ausgabentransparenz auf. Die Einnahmen mit den Zuwendungen der öffentlichen Hand und des Trägers, den Nutzerentgelten, den eigenen Einnahmen aus unternehmerischer Tätigkeit (Erträgen), den Drittmitteln (Spenden, Projektmittel) und den Ausgaben für budgetierte Einrichtungs- und Betriebskosten werden gesondert ausgewiesen und kontrolliert. Dabei wird darauf geachtet, dass die kinder- und fachbezogenen Aufwendungen möglichst hoch, demgegenüber die Managementkosten (Overheads) jedoch möglichst gering sind.

Wie wird in der Einrichtung Kostentransparenz erreicht?

– In der Einrichtung werden alle betriebswirtschaftlichen Vorgänge mit Hilfe EDV-gestützter Verfahren übersichtlich dokumentiert.

– Die unterschiedlichen Einnahmen werden gesondert nach Zuwendungen, Nutzerentgelten (mit einer sozialen Beitragsgestaltung), Drittmitteln und unternehmerischen Erträgen ausgewiesen.
– Die Ausgaben werden gesondert nach den Personal-, Sach- u. Betriebskosten bzw. den Management- oder Verwaltungskosten, den Mitteln, die den Kindern und Nutzern unmittelbar zugute kommen, und den Mitteln, die für die besondere Ausgestaltung des pädagogischen Leistungsangebotes und für Supervision und Fort- und Weiterbildung der Fachkräfte aufgewandt werden, ausgewiesen.
– Die Kindertageseinrichtung führt einen Kostenvergleich mit anderen Einrichtungen durch.

Wie ist das Kosten-Controlling in der Einrichtung gestaltet?
– Die Leitung der Einrichtung führt ein eigenes Kosten-Controlling durch und hat laufend die Möglichkeit, auf die Daten des betriebswirtschaftlichen Computer-Programms zuzugreifen.
– Die Einrichtung nutzt eine einrichtungsübergreifende Verwaltungsstelle des Trägers zum Kosten-Controlling.
– Die Einrichtung verfügt über periodisch erstellte betriebswirtschaftliche Kennziffern (platzbezogene Verhältniszahlen), die die Einrichtung auf einen Blick wirtschaftlich charakterisieren: Gesamteinnahmen/Platz; Elternbeiträge/Platz; institutionelle Zuwendungen/Platz; Drittmittel und Erträge/Platz; Gesamtkosten/Platz; Betriebskosten/Platz; Investitionskosten/Platz; Management-Overheads/Platz ; Personalkosten/Platz; pädagogische Sachkosten/Platz; Verpflegungskosten/Platz.

KNQ 3   Kapazitätsauslastung

Kosten-Nutzenqualität bemisst sich an einem hohen Auslastungsgrad der Einrichtung bei gleichzeitiger Beachtung pädagogischer Qualitätskriterien und bedarfsgerechter und bezahlbarer Platz-Kosten. Zur Qualität trägt bei, wenn die Einrichtung an verfügbaren Zeiten auch von Dritten genutzt werden kann.

Wie erreicht die Kindertageseinrichtung eine gute Kapazitätsauslastung?
– Die Öffnungszeiten richten sich nach dem Bedarf der Kinder und Eltern.

– Die Kindertageseinrichtung hat die Öffnungszeiten mit den Eltern der von ihr betreuten Kinder ausgehandelt.

– Die Kindertageseinrichtung bietet sozial gestaffelte Beiträge, um auch benachteiligten Familien die Nutzung der Einrichtung zu ermöglichen.

– Die Kindertageseinrichtung macht ihr Angebot, das sie an den besten fachlichen Standards ausrichtet, gezielt im Umfeld bekannt.

Kann die Kindertageseinrichtung auch von Dritten genutzt werden?

– Die Kindertageseinrichtung kann – außerhalb der regulären Betreuungszeiten – auch von Dritten z. B. für Elterngruppen/Nachbarschaftsinitiativen/Geburtstagsfeiern und Familienfeste genutzt werden.

KNQ 4 Effektiver Arbeitskräfteeinsatz

Eine gute Kindertageseinrichtung gewährleistet einen optimalen Einsatz der Fachkräfte und des übrigen Personals durch ein flexibles Zeitmanagement mit bedarfsgerechter Dienstplangestaltung. Ein effektiver und flexibler Arbeitskräfteeinsatz ermöglicht kreative pädagogische Schwerpunktsetzungen bei gleichzeitig guter Bewältigung der Hauptbetreuungsaufgaben in den Kernzeiten.

Wie ermöglicht die Einrichtung einen effektiven Arbeitskräfteeinsatz?

– Die bestehenden Arbeitszeitregelungen erlauben auf der Basis von Jahres-Arbeitszeit-Systemen ein flexibles Zeitmanagement, das unterschiedliche Anwesenheits- oder Frequentierungsquoten der Kinder ebenso wie besondere pädagogische Schwerpunktsetzungen (an Wochenenden, bei Ferienaktivitäten, Festen, Feiern und Sonderdiensten) berücksichtigt und den Interessen der Beschäftigten entgegenkommt.

– Die Kindertageseinrichtung zeichnet sich durch unterdurchschnittliche Fehlzeiten, wenige Überstunden und geringe Dienstplanabweichungen (aufgrund unkomplizierter Vertretungsregelungen) aus.

KNQ 5   Evaluierte ökonomische Zufriedenheit

Die Kosten-Nutzen-Qualität muss festgestellt werden. Ihr wesentliches Maß ist die evaluierte ökonomische Zufriedenheit, wie die Beteiligten nämlich das Verhältnis von Einsatz und Ertrag beurteilen. Gute Kindertageseinrichtungen erheben deshalb regelmäßig die ökonomische Zufriedenheit aller Beschäftigten sowie der Eltern und auch der Kinder.

Wie evaluiert die Kindertageseinrichtung die Kosten-Nutzen-Qualität?
- Die Kindertageseinrichtung erfragt regelmäßig die ökonomische Zufriedenheit ihrer Beschäftigten (in Bezug auf die Dienstplangestaltung und die Arbeitsbelastung, die Arbeitszeit-, Urlaubs- und Sonderregelungen, die Löhne und Gehälter).
- Die Kindertageseinrichtung erhebt regelmäßig die ökonomischen Einstellungen und Bewertungen der Eltern (in Bezug auf zu erbringende Kostenbeiträge, die Qualität und Bedarfsgerechtigkeit der pädagogischen Angebote, die Ausstattung und Unterhaltung der Einrichtung sowie die Qualität der Verpflegung).
- Die Kindertageseinrichtung befragt regelmäßig die betreuten Kinder, um ihre Zufriedenheit mit den Aufwendungen (insbesondere was die Materialausstattung und Verpflegung betrifft) zu evaluieren.

Förderung von Qualität (FQ)

Qualität ergibt sich nicht von selbst. Sie ist jedoch nicht allein von strukturellen Bedingungen (wie z. B. Gruppengröße, Personalschlüssel und -einsatz, Raumausstattung, -größe und -gestaltung, Sach- und Personalkosten-Aufwand, Milieubedingungen) abhängig. Qualität in Kindertageseinrichtungen ist im wesentlichen Personalqualität. Ihre entscheidenden Größen sind die Kompetenz und die Kräfte, die Einsatzbereitschaft und der Erfindungsreichtum aller Beteiligten. Sie zu nutzen und permanent zu fördern, ist ein Kennzeichen guter Qualität. Qualitätsförderung ist Garant dauerhaften Erfolges.

FQ 1   Lernen vom Erfolg

Die Förderung von Qualität gelingt eher, wenn wir an dem anknüpfen, was uns in der Praxis der Kindertageserziehung gelungen ist, was „geklappt" hat. Immer wieder Schwierigkeiten und Fehler nur zu beklagen und in ihnen steckenzubleiben, verstärkt demgegenüber nur die Unzufriedenheit und führt leicht zu unproduktiven Vorwurfshaltungen. Was sich in der Einschätzung aller Beteiligten (der Kinder, der Eltern wie der Fachkräfte) als gelungene Erfahrung erweist, ist die beste Grundlage für die Weiterentwicklung der gemeinsamen Praxis. Aus dem Studium erfolgreicher Praxis können wir neues „umsetzbares Handlungswissen" ziehen und nicht zuletzt eine nachhaltige Arbeitsmotivation und -zufriedenheit gewinnen. Vom Erfolg zu lernen, trägt nicht allein zu einem guten Betriebsklima bei, sondern macht erfolgreiche Kindertageserziehung wahrscheinlicher.

Wie wird in der Kindertageseinrichtung gelernt?
– Die Fachkräfte kennen ihre eigenen Stärken und wissen, was bei ihnen und in der Einrichtung „Spitze" ist.
– Alle in der Kindertageseinrichtung Beteiligten werden ermutigt, die Erfolge der Einrichtung wahrzunehmen und ihre Voraussetzungen und Bedingungsfaktoren zu untersuchen.

– Lernen vom Erfolg charakterisiert die in der Einrichtung vorherr-
schende Arbeitseinstellung, um neues umsetzbares Handlungswissen zu gewinnen.

**Wie werden Erfolge in der Kindertageseinrichtung für die Verbesse-
rung des Arbeitsklimas und der Arbeitszufriedenheit genutzt?**
– Erfolge und gute Leistungen (im ganz normalen Alltag ebenso wie
bei besonderen Ereignissen) werden anerkannt und herausgestellt.
– Erfolge werden dokumentiert, bebildert und beschrieben und auf geeignete Weise bekannt gemacht.
– Erfolge werden als gelungene Ko-Produktionen verstanden, deren
Grundlage Solidarität und Partnerschaftlichkeit auf Gegenseitigkeit
sind.

FQ 2 Erweiterung der Selbstreflexivität

Die Qualität einer Kindertageseinrichtung ist im Kern eine Frage
der gelungenen Gestaltung einzigartiger, lebendiger, widersprüch-
licher und zeitlich unumkehrbarer personaler Beziehungen und
Kommunikationen. Sie spontan und bewusst produktiv zu entfalten, ist nur über die Erweiterung selbstreflexiver Kompetenzen möglich. Gerade in pädagogischer Praxis gilt: Nur wer sich selbst versteht, kann andere verstehen. Förderung von Qualität bedeutet darum vor allem eine ständige Unterstützung praxisbezogener Selbstreflexivität durch Fallkonferenzen, Einzel- und Teamsupervision
bzw. Möglichkeiten analytischer Rekonstruktion der eigenen Fa-
milien- und Erziehungserfahrungen der Erzieherinnen und Erzieher. Sie auch Eltern zu ermöglichen, ist ein Merkmal besonderer
Qualität.

Wie fördert die Kindertageseinrichtung die Selbstreflexivität?
– Die Einrichtung regt die Fachkräfte an, ein pädagogisches Journal zu
führen.
– In der Einrichtung gibt es regelmäßige Fallkonferenzen, Einzel- oder
Teamsupervision.
– Die Fachkräfte werden ermutigt, ihre eigenen Familien- und Erzie-
hungserfahrungen zu rekonstruieren und in ihrer Bedeutung für die
pädagogische Arbeit zu klären.

– Die Einrichtung bietet Elterngesprächskreise an (mit unterstützenden Fachkräften von außen) zur Klärung des eigenen Kindheitsschicksals und der heutigen pädagogischen Rolle als Elternteil (Eltern als Erzieher).

FQ 3 Personalentwicklung durch Praxislernen und Praxisforschung

Nur wer sich selbst weiterentwickelt, kann die Entwicklung anderer voranbringen. Personalentwicklung ist insofern grundlegend für beste Fachpraxis. Eine regelmäßige und faire Personalbeurteilung und -entwicklungsplanung, eine kontinuierliche Fort- und Weiterbildung (Praxislernen) und die Einbeziehung der Fachkräfte in die konkrete Erforschung ihrer pädagogischen Alltagspraxis (Praxisforschung) sind ihre wesentlichen Elemente.

Wie wird in der Kindertageseinrichtung Personalentwicklung betrieben?
– Bei Neueinstellungen werden mit Beginn des Arbeitsverhältnisses das Personalentwicklungskonzept der Einrichtung und die individuellen Entwicklungsziele einer neuen Mitarbeiterin oder eines neuen Mitarbeiters in einem Leitungsgespräch erörtert.
– Mindestens jährlich wird auf der Grundlage einer fachlichen Selbsteinschätzung („meine Stärken/meine Schwächen/meine Entwicklungsziele") im Team der Fachkräfte wie in individuellen Gesprächen der Leitung mit den Beschäftigten eine Personalbeurteilung erarbeitet, die eine Rückmeldung über die Qualität der geleisteten Arbeit ebenso erlaubt wie die konkrete Bestimmung von Entwicklungszielen: Wie man weiterlernen möchte/könnte/sollte.

Welchen Stellenwert hat Fort- und Weiterbildung?
– In der Einrichtung gibt es einen jährlichen Fort- und Weiterbildungsplan. Die Fachkräfte werden ermutigt und finanziell sowie durch Freistellungen unterstützt, an Fort- und Weiterbildungen teilzunehmen.
– Zur gemeinsamen fachlichen Weiterentwicklung wird für alle Fachkräfte eine zentrale, mehrtägige Fortbildungsveranstaltung pro Jahr durchgeführt.

– Die Kindertageseinrichtung führt eigene Fachveranstaltungen durch und beteiligt sich an der öffentlichen Fachdiskussion.

Wie werden die Fachkräfte an der Erforschung der pädagogischen Alltagspraxis beteiligt?

– Die Kindertageseinrichtung sucht den Kontakt zu Ausbildungs- und Forschungseinrichtungen im Berufsfeld.
– Die Kindertageseinrichtung öffnet sich für Vorhaben empirischer Praxisforschung und bezieht deren Ergebnisse in die laufende Arbeit ein.
– Die Fachkräfte werden angeleitet und ermutigt, eigene Praxisforschungen durchzuführen (wie z. B. gezielte Beobachtungen von Alltagssituationen/anschauliche Beschreibungen eines Kindes/Befragungen von Kindern und Eltern).

FQ 4 Qualitätsförderung durch Qualitätszirkel

Qualität in Kindertageseinrichtungen kann schließlich durch die Einführung besonderer Qualitätsentwicklungsverfahren systematisch gefördert werden. Die Organisation eines Qualitätszirkels, einer auf Dauer oder für einige Monate eingerichteten Arbeitsgruppe aus dem Kreis der Fachkräfte zur Förderung der Qualität in der gesamten Einrichtung, ist ein solches Verfahren. Der Qualitätszirkel identifiziert bestehende Qualitätsprobleme, schätzt ihren Stellenwert für alle Beteiligten (Kinder, Eltern, Fachkräfte, Träger und andere an der Arbeit Interessierte) ein, untersucht ihre Gründe, schlägt begründete Praxisexperimente und alternative Lösungen vor und setzt sie ins Werk, um schließlich ihre Ergebnisse zu evaluieren. Gelungene Praxisexperimente sind die Grundlage für verbesserte Alltagsroutinen, für Neuerfindungen und erweiterte Handlungsspielräume. Werden Qualitätszirkel zur Dauereinrichtung, gelingt permanente Qualitätsverbesserung.

Wie wird die Qualitätsentwicklung in der Einrichtung systematisch gefördert?

– In der Kindertageseinrichtung gibt es eine besondere Fachkraft, die mit der Aufgabe der Qualitätsentwicklung betraut ist.
– Ein Qualitätszirkel zur permanenten Verbesserung der Praxis, an dem eine feste Gruppe von Fachkräften beteiligt ist, die auf ihre Aufgaben

durch besondere Fortbildungen vorbereitet wurden, ist in der Kindertageseinrichtung organisiert.

– Der Qualitätszirkel ist eine Dauereinrichtung zur ständigen Qualitätsverbesserung der Praxis.

Wie werden alle Beschäftigten an der Qualitätsförderung beteiligt?

– Die Beschäftigten der Kindertageseinrichtung sind mit Konzepten und Methoden der Qualitätsentwicklung bekannt gemacht worden, ausgewählte Fachliteratur ist in der Einrichtung verfügbar.

– Die Beschäftigten haben sich im Rahmen einer Fortbildung mit Konzepten und Methoden der Qualitätsentwicklung auseinander gesetzt.

– Die Beschäftigten sind an Initiativen bzw. an der Arbeit des bestehenden Qualitätszirkels beteiligt, die Qualität ihrer Arbeit im jeweiligen Arbeitsfeld zu verbessern.

– Die Beschäftigten sind einbezogen in ein systematisches Qualitätsentwicklungsverfahren, das durch externe Fachkräfte unterstützt wird.

4. Wie man in der Praxis das Kronberger Konzept zur Qualitätsentwicklung nutzen kann

Wie kann die Kronberger Qualitätsentwicklung gelesen werden?

Sollten Sie sich – und das ist vielleicht der unwahrscheinlichere Fall – vom Anfang des Buches bis hierhin durchgearbeitet haben, so haben Sie bis zu dieser Stelle keine konkreten Handlungsanweisungen gefunden. Wir haben Ihnen noch nicht gesagt, was Sie tun sollen! Allerdings – Sie haben es möglicherweise bereits vermutet – werden wir das auch im Folgenden nicht tun. Es ist also keine Nachlässigkeit, sondern hat durchaus Methode, denn die Kronberger Qualitätsentwicklung ist kein Rezeptbuch. Sie ist kein „How to"-Ratgeber und kein didaktisches Material (etwa im Sinne von „Mehr Qualität in 24 leichten Lektionen"). Wir sagen Ihnen nicht: „Wenn Sie Ihre Praxis in dieser oder jener Weise organisieren, ist sie von besserer, andernfalls von schlechterer Qualität." Wir wollen Sie vielmehr anregen, *Ihre eigene Praxis in den Blick zu nehmen.* Etwas in den Blick nehmen, das bedeutet *wahrnehmen, sich bewusst machen,* und zwar nicht beiläufig, sondern gezielt. Sich etwas bewusst machen ist eine aktive Tätigkeit autonomer Subjekte und das Ergebnis dieser Tätigkeit ist möglicherweise Veränderung – des Bewusstseins wie der daraus abgeleiteten Praxis.

Wir zielen also auf die Initiierung eines Prozesses, dessen Verlauf oder gar Ergebnis wir nicht vorhersagen können. Allerdings verbinden wir mit unserer Anregung ein explizites Interesse: das Interesse an Ihrer Praxis in der Kindertageserziehung, oder deutlicher, *das Interesse an der Veränderung und fachlichen Weiterentwicklung Ihrer Praxis!* Insofern ist die Kronberger Qualitätsentwicklung nicht nur eine Anregung, die eigene Praxis zu reflektieren und sich dessen zu versichern, was das eigene Alltagshandeln bestimmt. Die Kronberger Qualitätsentwicklung ist darüber hinaus ein Vorschlag, wie man dies tun könnte, wie eine auf hohem Niveau entwickelte fachliche Praxis der Kindertageserziehung gestaltet sein könnte – und woran man dies unserer Ansicht nach erkennen kann. Dieser Vorschlag – der sich als roter Faden von den *Grundorientierungen* bis durch *alle Dimensionen und Indikatoren entwickelter Qualität* zieht – ist gleichermaßen ein Angebot zur Hilfe bei der eigenen fachlichen Orientierung sowie eine Einladung zum Dialog. Wir beziehen Position und sagen deutlich, was wir derzeit für Kennzeichen bester Fachpraxis in der Kindertageserziehung halten. Wie ist es mit Ihnen? Wie stehen Sie dazu?

Die Kronberger Qualitätsentwicklung ist kein Katalog, den es abzuarbeiten gälte, um auf diese Weise alle Kindertageseinrichungen in diesem Land, mit allen darin engagierten Fachkräften gleichermaßen in einen Zustand besserer Qualität zu versetzen. Sie ist aber dennoch ein Programm – und wir möchten Sie dafür gewinnen, sich an seiner Verwirklichung zu beteiligen.

Dabei können die in diesem Buch vorgestellten Überlegungen eine Grundlage für die Auseinandersetzung mit dem Thema sein. Sie fordern dazu auf, sich ganz persönlich an ihnen zu reiben, aber auch das Gespräch mit anderen zu suchen. Sicherlich im Team oder mit der Leitung der Einrichtung, aber auch in erweitertem Kreis. Denn was „gute" Kindertageserziehung ausmacht, das bestimmt sich nicht allein aus der Innensicht der Kindertagesstätten. Aber gerade im Austausch mit Gruppen, die außerhalb der eigenen Praxis stehen, ist es in der Regel besonders schwer, die Anliegen einer fachlich entwickelten Kindertageserziehung – und die Notwendigkeit ihrer permanenten Weiterentwicklung – zu vermitteln. Möglicherweise kann die Kronberger Qualitätsentwicklung hilfreich sein, wenn es darum geht, im Dialog mit dem Träger, den Eltern und überhaupt der Öffentlichkeit einen Konsens über die bestmögliche Praxis in Ihrer Kindertageseinrichtung zu suchen. Wahrscheinlich ist, dass Sie diesen Konsens nicht ohne weiteres finden werden. Vielleicht gelingt es überhaupt nicht. Aber das liegt in der Natur der Sache.

Was wir – mit Ihrer Hilfe – befördern wollen, ist ein offener Dialog aller an der Kindertageserziehung Beteiligten. Das mag manche provozieren, geht es doch darum, sich selbst und andere in Frage zu stellen, die Praxis nicht eindimensional, sondern aus verschiedenen Blickwinkeln zu betrachten, um sich selbst, die Kinder, ihre Familien, die ganze Einrichtung wie die Träger im Kontext des weiteren Umfeldes zu verstehen – und zu entwickeln.

90

Wie ist die Kronberger Qualitätsentwicklung aufgebaut?

Zu Beginn des Buches fragen wir: Warum überhaupt Qualitätsorientierung in der Kindertageserziehung? Wie ist es zu der aktuellen Debatte um die Qualität der Kindertageserziehung gekommen und warum wird sie mit solcher Vehemenz geführt? Wir stellen in diesem einleitenden Kapitel einen Zusammenhang zwischen der Qualitätsdebatte und der Professionalisierung erzieherischen Handelns her. Dies ermöglicht uns, dem äußeren Druck (der Betriebswirte und Finanzverantwortlichen) eine von innen begründete Lust an der fachlichen Weiterentwicklung entgegenzusetzen. Wir bewegen uns im Spannungsfeld von extrinsischer (außengeleiteter) und intrinsischer (innengeleiteter) Motivation für die Veränderung der Kindertageserziehung und vertrauen dabei auf den Eigensinn der im Feld tätigen Personen. Wir erläutern in diesem Kapitel auch unser Verständnis von Qualitätsentwicklung und die Notwendigkeit, eine den Eigentümlichkeiten pädagogischer Praxis angemessene dialogische Verfahrensweise zu entwickeln.

Dem Hauptteil des Buches – *Dimensionen und Indikatoren von Qualität* – stellen wir fünf Grundorientierungen voran. Sie markieren für uns die Eckpunkte entwickelter Qualität in der Kindertageserziehung, aus denen alles weitere sich ableitet.

Die Dimensionen und Indikatoren von Qualität werden in jeweils drei Schritten präzisiert:

(1) der Formulierung eines Qualitätsstandards (Qualitätskriterium) folgt

(2) eine Reihe von Leitfragen, die diesen Qualitätsstandard erschließen (Qualitätsfragen). Als Beispiel und mögliche Konkretisierung folgen schließlich

(3) Indikatoren, an denen Qualität festgemacht werden kann (Qualitätsindikatoren).

Alle Qualitätsstandards sind natürlich relativ. Das heißt, sie stehen in Beziehung (und müssen in Beziehung gesetzt werden) zu jeweiligen konkreten Situationen und Gegebenheiten, aber auch zu den Voraussetzungen, Möglichkeiten und Interessen der beteiligten Personen. Das wird nicht immer und von allen so gesehen! Qualitätsstandards müssen – wie jede Grundlage und Begründung fachlichen Handelns – immer wieder neu reflektiert und erörtert werden. Denn alle Aussagen über Qualität (auch die in diesem Buch vorgestellten) sind letztlich Werturteile, die mehr oder weniger plausibel sind. Sie werden selbstverständlich nicht von allen, denen Qualität in der Kindertageserziehung ein Anliegen ist, geteilt. Diskussionen um Qualität lösen daher notwendigerweise Konflikte und Kontroversen aus. Diese sind ein wichtiges Element jeder Qualitätsentwicklung. Sie zuzulassen und gemeinsam zu reflektieren, eröffnet produktive Wege der Weiterentwicklung.

Sie finden in diesem Buch weiterhin einen Fragebogen, mit dem Sie möglicherweise in das Thema der Qualitätsentwicklung einsteigen können. Es kann hilfreich sein, sich zunächst einen Überblick zu verschaffen, wie Sie selbst und die Kolleginnen und Kollegen in Ihrem Umkreis überhaupt zu dem gesamten Thema der Qualitätsentwicklung stehen.

Das Literaturverzeichnis erhebt nicht den Anspruch, eine vollständige Bibliographie zum Thema der Qualitätsentwicklung zu sein. Wir haben aber eine breite Auswahl dessen getroffen, was wir für wichtig halten, um einen Überblick zu bekommen und sich mit einzelnen Aspekten vertiefend beschäftigen zu können.

Wie kann man anfangen?

Qualitätsentwicklung ist keine mechanistische Abfolge von Einzelschritten, die es zu durchlaufen gilt, um von A („schlechte Qualität") nach B („gute Qualität") zu kommen. Qualitätsentwicklung beginnt in dem Moment, in dem Sie sich mit Ihrer Praxis auseinandersetzen und sie möglicherweise in Frage stellen. Also beginnen Sie doch einfach *bei sich selbst*! Wenn Sie einmal die letzten zwei Wochen Ihrer beruflichen Praxis Revue passieren lassen – welche Situationen und Ereignisse sind in Ihrem Gedächtnis haften geblieben? Was ist Ihnen besonders gut gelungen und was hat Sie unzufrieden gemacht? Welche Personen waren beteiligt und welche Umstände haben dazu beigetragen? Führen Sie ein Tagebuch? Dann ziehen Sie es zu Rate. Wenn nicht, wäre es vielleicht ein guter Anlass, jetzt damit zu beginnen und täglich die wichtigsten Gedanken in einem „pädagogischen Journal" zu notieren. Sie schaffen sich so eine Grundlage für die Reflexion Ihres beruflichen Alltags – und haben den ersten Schritt zur Qualitätsentwicklung bereits getan.

Qualität im Kontext pädagogischer Praxis ist im Wesentlichen von den beteiligten Personen abhängig. Eine Qualitätserforschung und -entwicklung kann also nur gelingen, wenn sie von den Beteiligten, von den Fachkräften selbst, gewollt wird. Am Anfang jeder Qualitätsentwicklung wird also die Überlegung stehen, ob man mit dem Thema überhaupt etwas anfangen kann, wie man dazu steht und ob man es u. U. anpacken will.

Um diese Fragen zu klären, schlagen wir als ersten Schritt eine kleine Selbstuntersuchung vor[11], die man gut im Team durchführen kann (siehe den Fragebogen zur Qualitätsentwicklung im Anhang).

Im zweiten Schritt ist es hilfreich, die Ergebnisse der Selbstbefragung zu diskutieren und vor allem herauszuarbeiten, was in der betreffenden Einrichtung nach dem Urteil der Fachkräfte gut läuft oder was sogar „Spitze" ist, bzw. was die einzelnen prima können und was die Qualität der Einrichtung ausmacht.

Auch Gespräche im Team – regelmäßige (z. B. Dienstbesprechungen) oder besondere (z. B. Konzeptionstage) – bieten eine gute Möglichkeit für einen Einstieg. Arbeitskreise, an den vielerorts Erzieherinnen und Leiterinnen aus unterschiedlichen Einrichtungen teilnehmen, sind eine

---

11 Sie wurde von Reinhart Wolff entwickelt und im Kindertagesbetreuungsbereich erprobt.

Gelegenheit, die eigene Praxis aus einer manchmal hilfreichen Distanz zu betrachten und gleichzeitig andere in ihrer Praxis wahrzunehmen. Welche Themen haben Sie sich in Ihrer AG im kommenden Jahr vorgenommen? Machen Sie den anderen Teilnehmerinnen der AG Lust darauf, sich offensiv mit Fragen der Qualität auseinanderzusetzen!

Beginnen Sie – möglicherweise als Leiterin einer Einrichtung – „Qualität" in den Gesprächen mit der Fachberatung zu thematisieren und umgekehrt. Welche Möglichkeiten und Anlässe gibt es, um „Qualität" mit dem Träger, dem Vorstand, der obersten Leitungsebene zu diskutieren?

Qualitätsentwicklung in der Kindertageserziehung bedeutet Professionalisierung und fachliche wie persönliche Weiterentwicklung. Sie beginnt mit einer systematischen und reflexiven Wahrnehmung der eigenen Person wie des Gegenübers in Beziehung zu weiteren (dritten) Perspektiven. Fort- und Weiterbildungsinstitute haben gute Möglichkeiten und Voraussetzungen, dieses Beziehungsdreieck systematisch zu erzeugen und in ihren Seminargruppen die Qualitätsfrage zu provozieren. Und schließlich beginnt alles in der Ausbildung: Die offene, reflektierende und zukunftsorientierte, ermutigende und fordernde Auseinandersetzung mit der eigenen Person, dem Kind und dem weiteren (gesellschaftlichen, politischen und fachlichen) Kontext ist Grundlage jeder qualitativ entwickelten sozialpädagogischen Ausbildung. Sie ist zugleich die Voraussetzung für eine nachhaltige Entwicklung der fachlichen Qualität in der Kindertageserziehung.

Wie kann man das Kronberger Qualitätsentwicklungskonzept weiter nutzen?

Eine naheliegende Möglichkeit ist nicht immer die einfachste. Dennoch: Sie können die Kronberger Qualitätsentwicklung systematisch, und von Anfang an durcharbeiten. Setzen Sie sich mit unserem Verständnis von Qualitätsentwicklung auseinander, diskutieren Sie unsere Grundorientierungen und bearbeiten Sie dann der Reihe nach die einzelnen Dimensionen von Qualität. Beginnen Sie, sich mit den Leitfragen zu den acht vorgeschlagenen Dimensionen von *Programm und Prozess* auseinanderzusetzen, diskutieren Sie die *Leitungsqualität* und die *Personalqualität*, anschließend die *Einrichtungs- und Raumqualität*, die *Trägerqualität*, die Aspekte der *Kosten-Nutzen-Qualität* und schließlich der *Förderung von Qualität*. Dieses Vorgehen bietet sich an, wenn Sie in Ihrer Einrichtung, bei Ihrem Träger oder in einem anderen Arbeitszusammenhang das Thema der Qualität zu einem Schwerpunktthema für einen längeren Zeitraum gemacht haben (etwa im Rahmen einer beginnenden „Qualitätsoffensive"). Aus der gründlichen Durchsicht und Diskussion des Konzepts ergeben sich dann möglicherweise weitere Arbeitsschritte, die Sie arbeitsteilig angehen werden.

Möglicherweise tendieren Sie dazu, zunächst einen oder mehrere ausgewählte Abschnitte des Buches zu bearbeiten. Tun Sie es! Beginnen Sie dort, wo Ihr augenblickliches Interesse am größten ist, fangen Sie bei der *Personalqualität* oder der *Leitungsqualität* an – oder an jeder anderen Stelle des Konzepts. Auch wenn Sie das Buch nicht von Anfang bis Ende durcharbeiten, werden Sie immer wieder merken, dass sich Aussagen zu Qualitätsstandards, die Leitfragen und die Qualitätsindikatoren der einzelnen Abschnitte aufeinander beziehen. Die Dimensionen und Indikatoren von Qualität wimmeln von Wechselwirkungen, Wiederholungen und Querverweisen. Das muss bei einem komplexen Gegenstand wie diesem auch so sein. Vielleicht haben Sie Lust, selbst ein System von Querverweisen zu erfinden, das Ihr Vorgehen strukturiert? Welche Beziehungen ergeben sich beispielsweise zwischen der *„entwicklungsfördernden Gestaltung von Beziehungen" (PPQ 2)*, der Qualität von *„Erfahrung und Lernen" (PPQ 3)* und der *„Einrichtungs- und Raumqualität" (E+RQ)?* Welche zwischen *„Kinderkultur" (PPQ 4)* und *„Teamqualität" (PQ 3)?*

Verwenden Sie die einzelnen Abschnitte jeweils als Hilfe zu einer detaillierten Untersuchung Ihrer eigenen Praxis: Sie gehen die einzelnen Fragen durch und überprüfen mit Hilfe der Indikatoren, was in Ihrer eigenen Praxis der Fall ist. Sie diskutieren und bewerten Ihren Befund und halten fest, ob und in welchem Umfang die Qualitätsmerkmale in Ihrer Einrichtung vorhanden sind. Anschließend bestimmen Sie die hauptsächlichen Problembereiche und beschreiben mögliche Ursachen. Sie suchen nach Veränderungsmöglichkeiten und entwickeln, wie Sie Ihre neuen Ziele erreichen wollen. Im Verlauf dieses Prozesses ergänzen und präzisieren Sie die im Konzept der Kronberger Qualitätsentwicklung formulierten allgemeinen bzw. speziellen Qualitätsstandards und entwickeln so ein auf Ihre Einrichtung zugeschnittene spezielles Konzept von Qualität.

Es gibt natürlich auch andere Zugangswege: Beginnen Sie – möglicherweise aus aktuellem Anlass – mit der Beschreibung eines Problems in Ihrer Praxis. Überlegen Sie – am besten im Team – welche Qualitätsdimensionen bei dem formulierten Problem eine Rolle spielen und was dabei von wesentlicher Bedeutung ist. Haben Sie sich z. B. damit auseinanderzusetzen, dass Ihre gesamte Kindertageseinrichtung an einem hohen (wie Sie meinen zu hohen) Krankenstand leidet? Möglicherweise stellt sich bei genauerem Hinsehen heraus, dass es erhebliche Leitungsprobleme gibt. Oder: Einer Gruppe von Fachkräften macht eine Reihe von Eltern schwer zu schaffen. Sie mischen sich in Ihre Erziehung ein, bleiben den Elternabenden fern und machen beim Abholen freche Bemerkungen. Das könnte ein Anlass sein, zu überprüfen, ob es möglicherweise Unklarheiten gibt, was die Familienorientierung in der Einrichtung betrifft.

Die Kronberger Qualitätsentwicklung kann auch als Grundlage dienen, wenn Sie eigene Standards entwickeln wollen. Orientieren Sie sich an den verschiedenen Qualitätsdimensionen und formulieren Sie im Team eigene Qualitätsstandards auf die Sie hinarbeiten wollen. Lassen Sie uns an Ihrer Diskussion teilhaben und schicken Sie uns Ihre Qualitätsstandards!

Wenn Sie weitere Unterstützung wünschen: Schreiben Sie uns und laden Sie ein Mitglied des Kronberger Kreises für Qualitätsentwicklung in Kindertageseinrichtungen ein, um Sie bei Ihren Bemühungen um Qualitätsentwicklung zu unterstützen. Auf den letzten Seiten des Buches finden Sie Kontaktadressen und eine Liste der Mitglieder des Kronberger Kreises für Qualitätsentwicklung in Kindertageseinrichtungen.

Bitte kontaktieren Sie uns, schicken Sie uns Ihre Vorschläge und selbstentwickelten Materialien. Wir sind dankbar für Ihre Anregungen und kritischen Hinweise, denn um das Ziel einer nachhaltigen Qualitätsentwicklung in Kindertageseinrichtungen zu erreichen, wollen wir von Ihnen lernen!

5. Fachkräfte-Selbst-Befragung im Bereich der Kindertageserziehung

Dies ist ein kleiner Fragebogen, um mit der Diskussion von Fragen der Qualitätsentwicklung in der Kindertageserziehung zu beginnen. Sie können die Befragung im gesamten Team oder in einer Arbeitsgruppe und natürlich auch anonym – ohne dass die Teilnehmerinnen und Teilnehmer ihren Namen auf den Fragebogen schreiben – durchführen. Allein Ihre persönliche Meinung ist wichtig. Qualitätsmanagement setzt nämlich auf die Fachkräfte und ihr selbstständiges Urteil.
Und nun viel Spaß bei der Durchführung!
Nehmen Sie einen Schreiber (am besten einen Kugelschreiber) zur Hand und beantworten Sie schnell die einzelnen Fragen.

Jetzt geht es los!

1. Wenn die Stichworte Qualitätssicherung/Qualitätsmanagement fallen, sind ganz unterschiedliche Reaktionen möglich. Wie ist das bei Ihnen? Was löst der Gedanke der Qualitätssicherung bzw. der Qualitätskontrolle bei Ihnen aus?

Bitte kreuzen Sie an, was bei Ihnen der Fall ist (mehrmaliges Ankreuzen möglich!)

☐ Interesse/Neugier   ☐ Skepsis/Kritik

☐ Gleichgültigkeit/Desinteresse   ☐ Ärger/Wutanfall

☐ Lust auf fachliche Weiterentwicklung

2. Auch über die Hintergründe der Entwicklung von Qualitätssicherungsbemühungen gibt es unterschiedliche Einschätzungen. Hier sind einige Meinungen, die von FachkollegInnen geäußert wurden. Inwieweit stimmen Sie den Äußerungen zu?

Bitte kreisen Sie den Grad Ihrer Zustimmung oder Ablehnung ein!

97

2.1 „Qualitätssicherung/Qualitätsmanagement verdankt sich eindeutig Rationalisierungsbemühungen, die wir als Fachkräfte in der Kindertageserziehung ausbaden müssen: Wir sollen die Kindertageserziehung nur besser, billiger und effektiver machen."

Stimme voll zu   stimme gar nicht zu

1   2   3   4   5

2.2 „Qualitätssicherung/Qualitätsmanagement ist eine Erfindung von Betriebswirten oder Ingenieuren. So etwas passt für die Kindertageserziehung nicht."

Stimme voll zu   stimme gar nicht zu

1   2   3   4   5

2.3 „Qualitätssicherung/Qualitätsmanagement ist ein Reflex auf die Krise des Wohlfahrtsstaates. Sie soll den Abbau von sozialen Leistungen bemänteln."

Stimme voll zu   stimme gar nicht zu

1   2   3   4   5

2.4 „Qualitätssicherung/Qualitätsmanagement ist ein unnötiger Auslandsimport für den wir in Deutschland keinen Bedarf haben."

Stimme voll zu   stimme gar nicht zu

1   2   3   4   5

2.5 „Qualitätssicherung/Qualitätsmanagement ist ein wichtiges Moment fachlicher Professionalisierung, die man als Fachkraft nur wünschen kann."

Stimme voll zu   stimme gar nicht zu

1   2   3   4   5

2.6 „Qualitätssicherung/Qualitätsmanagement ist im Dienstleistungsbereich ein Motor der Qualitätsentwicklung, wodurch die sozialen Institutionen zu ‚lernenden Organisationen' werden."

Stimme voll zu   stimme gar nicht zu

1   2   3   4   5

3. Ich verfüge selbst über Erfahrungen mit Qualitätssicherung/Qualitätsmanagement.

☐ Ja   ☐ Nein

4. Falls Ja, schreiben Sie bitte kurz auf, worauf sich Ihre Erfahrungen mit Qualitätssicherung/Qualitätsmanagement beziehen?
Meine bisherigen Erfahrungen mit Qualitätssicherung/Qualitätsmanagement beziehen sich auf

_____

_____

_____

_____

5. Wurde in Ihrem Arbeitsbereich bereits mit Maßnahmen zur Qualitätssicherung/zum Qualitätsmanagement begonnen?

☐ Ja   ☐ Nein

6. Falls ja, worum handelte es sich?

(Bitte notieren Sie!)

_____

_____

_____

_____

7. Von wem ging die Initiative aus?

(Bitte kreuzen Sie an!)

7.1 Von der Leitung ☐

7.2 Von der Mitarbeiterschaft ☐

7.3 Sie kam von außen ☐

8. Nicht alles ist gleich wichtig. Wo würden Sie, wenn Sie es in Ihrem Arbeitsbereich entscheiden könnten, primär mit Qualitätssicherungsmaßnahmen ansetzen?

(Bitte notieren Sie die drei wichtigsten Bereiche für Qualitätssicherung!)

Die drei wichtigsten Bereiche für Qualitätssicherung:

1. _____

2. _____

3. _____

9. Jeder hat seine eigenen Qualitäten. Wenn Sie eine Liste machen müssten, welche Merkmale würden Sie nennen, um zu beschreiben, was für Sie Qualitätsmerkmale in der Kindertageserziehung sind?

(Schreiben Sie einfach ein paar Stichworte auf!)

Zum Qualitätsprofil der Kindertageserziehung gehören die folgenden Aspekte:

_____

_____

_____

10. Obwohl soziale Fachkräfte mit ihren eigenen Qualitäten in der Regel nicht „hausieren" gehen, können sie doch sagen, was sie selbst besonders gut können. Also, wie ist das bei Ihnen, was ist bei Ihnen „Spitze"?

(Bitte notieren Sie!)

11. Und was zeichnet die Einrichtung aus, in der Sie arbeiten? Was ist in Ihrer Einrichtung „Spitze"?

12. Und nun noch eine besondere Frage: Würden Sie eine Qualitäts-sicherung als Überprüfung von außen (Fremdevaluation) oder eher als eine Evaluation von innen (Selbstevaluation) begrüßen?

(Bitte markieren Sie Ihre Einstellung, indem Sie den zutreffenden Wert Ihrer Zustimmung oder Ablehnung einkreisen!)

12.1 Ich lehne beides ab.

Stimme voll zu   stimme gar nicht zu

1   2   3   4   5

12.2 Ich halte eher etwas von Fremdevaluation, da wird genauer hinge-sehen.

Stimme voll zu   stimme gar nicht zu

1   2   3   4   5

12.3 Ich lehne Fremdevaluationen ab, die sich doch nie mit den beson-deren Bedingungen einer Einrichtung vertraut machen können.

Stimme voll zu   stimme gar nicht zu

1   2   3   4   5

12.4 Ich bin unbedingt für Selbstevaluationen, sie bringen mich selbst weiter.

Stimme voll zu   stimme gar nicht zu

1   2   3   4   5

12.5 Selbstevaluationen bringen doch nichts, sie sind viel zu subjektiv.

Stimme voll zu   stimme gar nicht zu

1   2   3   4   5

13. Wenn Sie wählen könnten, würden Sie sich an einer Fachkräfte-Qualifizierung zur Qualitätsentwicklung in der Kindertageserziehung beteiligen?

(Bitte kreuzen Sie Ihre Antwort an!)

☐ Ja, natürlich   ☐ Vielleicht, unter Umständen   ☐ Nein, niemals

14. Was müsste zur Qualifizierung der Fachkräfte in Fragen des Qualitätsmanagements im Bereich der Kindertageserziehung in erster Linie vermittelt werden? Wo müsste man ansetzen?

Mir fallen spontan die folgenden **Themenschwerpunkte für Qualifizierungsmaßnahmen** ein:

_____

_____

_____

_____

15. Manche meinen, Qualitätssicherung/Qualitätsmanagement gelänge nur, wenn man überhaupt erst einmal darüber Bescheid wüsste, was Kindertageserziehung tatsächlich bewirkt. Wenn man wirklich Daten hätte. Wenn Sie einmal spontan überlegen, welche Daten, würden Sie vorschlagen, sollte man in der Kindertageserziehung dokumentieren? Welche Daten sollte man sammeln, um ein genaues Controlling zur Qualitätsentwicklung zu ermöglichen?

Die folgenden Prozesse sollte man erfassen:

_____

_____

_____

Die folgenden Daten sollte man sammeln:

_____

_____

_____

16. Kindertageserziehung kann man nicht alleine machen. Sie ist eine Ko-Produktion. Das ist auch für Qualitätsmanagement von Belang. Wie könnte man Kunden, Nutzer von Kindergärten, Tagesstätten, Horten etc. an der Qualitätsentwicklung in der Kindertageserziehung beteiligen? Was würden Sie vorschlagen?

Ich schlage vor:

_____

_____

_____

_____

_____

6. Anhang

Glossar

In der Sprache des modernen Managements gibt es eine Reihe von Fachbegriffen, die auch in der Qualitätsdiskussion verwendet werden. Wir erläutern hier die Begriffe, die wir in unserem Text verwendet haben sowie einige weitere Begriffe, die in der Fachdiskussion nicht immer einheitlich verstanden werden oder sich nicht unbedingt von selbst erschließen[12].

Benchmarking

stammt aus dem Sprachschatz der Landvermesser, die damit Orientierungspunkte benennen. In der Qualitätsentwicklung beschreibt er Orientierungspunkte für die eigene Wettbewerbsfähigkeit, die mit der anderer Einrichtungen verglichen werden soll. Dazu müssen natürlich die angestrebten Ziele und zu erreichenden Standards genau benannt werden.

Budgetierung

Eine bestimmte Menge finanzieller Mittel für einen vorgegebenen Zeitraum bildet ein Budget. Budgetierung versucht Haushaltsansätze „von oben" mit den fachlichen Kompetenzen und Leistungsinformationen „von unten" zu verbinden, d. h. dass Befugnisse und Verantwortung für die Verwendung der Mittel stärker an die betreffende Einrichtung verlagert werden.

Controlling

Controlling ist ein strategisches Instrument zur Planung, Koordination, Unterstützung und Überprüfung von Prozessen und Ergebnissen. Es ist (im Gegensatz zur Kontrolle) klar zukunftsgewandt, will also einen kontinuierlichen Ist-Soll-Vergleich. Als „Lotse" in solchen Prozessen

12 Wir danken Beate Irskens, Dieter Goeschel und dem Diakonie-Kolleg Bayern für ihre Unterstützung.

105

versorgt es die Zielfindung, Planung und Durchführung mit Informationen, Analysen, Vorschlägen und Alternativen.

Dialog
ist Gespräch, Wechselrede, Erörterung im partnerschaftlichen Sinne.

Dienstleistung
ist eine Handlung oder Handlungskette, die von Menschen zum Zwecke einer Bedürfnisbefriedigung für andere Menschen oder für Institutionen verrichtet wird. Ergebnis sind nicht Güter und Waren, sondern Effekte und Wirkungen.

EDV
ist die Abkürzung für Elektronische Datenverarbeitung

Effizienz
ist im Unterschied zur Effektivität (= Wirkung einer Maßnahme) die möglichst große Wirksamkeit bei möglichst niedrigem Einsatz von Mitteln.

empirisch
bedeutet auf Erfahrung und Beobachtung beruhend, aus Erfahrung und Experiment gewonnen.

Evaluation
ist die systematische Auswertung von Lern- und Arbeitsprozessen mit bestimmten (meist empirischen) Methoden

➤ **Fremdevaluation**
  ist Evaluation, die von Personen oder Institutionen durchgeführt wird, welche nicht zur untersuchten Einrichtung gehören.

➤ **Selbstevaluation**
  ist Evaluation, die von den in der Einrichtung arbeitenden Personen selbst durchgeführt wird. Sie ist stärker als die Fremdevaluation an den Bedingungen und Möglichkeiten der Praxis orientiert. Sie dient nicht nur der Feststellung des Ist-Standes, sondern will auch zur Weiterentwicklung beitragen.

Gütesiegel

oder Zertifikate sind Bescheinigungen einer „interessenunabhängigen"
Institution, die die Einführung eines oder mehrerer Verfahren, die der
Sicherstellung einer gleichbleibenden Qualität eines Produktes oder ei-
ner Dienstleistung dienen, bestätigen sollen.

Innovation

bedeutet Erneuerung, vor allem wenn sie etwas Besonderes, Neuarti-
ges, etwas qualitativ Neues mit sich bringt.

Input

ist die Gesamtheit von Material, Arbeit und Mitteln die für die Herstellung eines Produktes oder einer Dienstleistung benötigt wird. Bei
einer Input-Orientierung richtet sich das Management an der optimalen Verringerung der Input-Kosten aus.

Kindertageseinrichtung

ist der Sammelbegriff für alle Einrichtungsformen, in denen sich Kinder ganztags oder für einen Teil des Tages aufhalten.

Kontext

beschreibt ursprünglich das sprachliche Umfeld eines Textes, im über-
tragenen Sinn ist es der Zusammenhang, die Umgebung, das Umfeld
eines Phänomens oder einer Situation.

Konzept

ist ein Entwurf oder Plan, der das weitere Handeln orientieren und
strukturieren soll.

Kunde

nennt man den Empfänger eines Produktes oder einer Dienstleistung.
Bei sozialen Dienstleistungen wird eher von Nutzern gesprochen

Steuerung, Steuerungsmodell, Neue Steuerung

bezeichnet zunächst das (gedanklich-theoretische) Modell, nach dem
Führungskräfte ihr Handeln ausrichten, um die Komplexität einer Einrichtung zu handhaben. Solche Modelle beinhalten Grundsätze, Maßnahmen, Instrumente, Vorgehensweisen u. a. „Neu" ist daran, dass sich
auch Dienstleistungseinrichtungen wie Unternehmen verhalten sollen,

also kundenorientiert, produktorientiert und kostenbewusst. Die Palette der Interventionen umfasst auch Teamentwicklung, Selbsterfahrung, Personalqualifizierung.

Nutzer siehe Kunde

objektivistisch
bezieht sich auf die Lehre, dass es vom Subjekt (der Person) unabhängige Wahrheiten und Werte gibt; beruht auf dem Streben nach objektiven Maßstäben für sittliches Handeln.

Output
ist die Bezeichnung für das Endergebnis eines Arbeitsprozesses zur Herstellung eines Produktes oder einer Dienstleistung. Bei einer Output-Orientierung richtet sich das Management an der Optimierung des Endprodukts aus. Output-Orientierung fragt nach den Zielen, den Leistungen (was getan wird) und orientiert sich an den Kundenbedürfnissen, am Budget und am Wettbewerb.

Produkt
ist das Ergebnis einer geplanten Herstellung durch organisierte Arbeit. Auch soziale Dienstleistungen gelten in diesem Sinne als Produkt.

Professionalität
ist die berufsmäßige, erwerbsmäßige Anwendung einer Ausbildung oder die berufliche Umsetzung von Kenntnissen und Erfahrungen mit dem Anspruch besonderer Güte, die sich von „laienhafter" Arbeit unterscheidet.

Qualitäts-
➤ **-definition**
  Allgemein ist Qualität Beschaffenheit, Güte, Wertstufe. Qualität ist keine absolute, unveränderliche Größe, sondern abhängig von den Interessen und Bedürfnissen der Beteiligten (z. B. Anbietern und Nutzern einer Leistung) sowie der gesellschaftlichen Entwicklung. Sie ergibt sich aus der Übereinstimmung zwischen den Erwartungen hinsichtlich der Leistung und der tatsächlich erbrachten Leistung. Die verschiedenen Beteiligten haben in der Regel verschiedene Qualitätserwartungen; deshalb erfordert die Definition von Qualitätsstandards das Aushandeln und Vermitteln zwischen unterschiedlichen Interessen.

-dimensionen

sind Aspekte eines Produktes oder einer Dienstleistung, die von den Beteiligten für bedeutsam gehalten werden.

-Entwicklung

ist die Gesamtheit aller Maßnahmen, die einen Prozess einleiten, der zu einer systematischen Qualitätsverbesserung führt.

-Ergebnisqualität

stellt fest, wann und ob das Ziel einer Maßnahme, einer Betreuung o. ä. erreicht ist.

-management

soll zur Qualität von Produkten oder Dienstleistungen beitragen, indem Qualitätsstandards definiert, ihre Umsetzung kontrolliert, Qualitätsmerkmale überprüft und ggf. angepaßt werden. Qualitätsmanagement ist damit zugleich Qualitätssicherung und -entwicklung. Qualitätsmanagement ist Aufgabe der gesamten Einrichtung und sollte von den Führungskräften angeregt, unterstützt und vorgelebt werden.

-indikatoren

oder Qualitätskriterien sind Merkmale, an Hand derer festgestellt werden kann, ob eine Dienstleistung oder ein Produkt eine gewünschte Qualität erfüllt. Sie müssen so formuliert sein, dass sie konkret beobachtet oder gemessen werden können.

-sicherung

umfasst alle Aktivitäten, die darauf abzielen, die Erwartungen der Beteiligten zu erkunden, aufeinander abzustimmen sowie aus dem Ergebnis der Abstimmung verbindliche Qualitätsziele zu entwickeln. Sie umfasst ferner alle Maßnahmen und Aktivitäten, die dem Erreichen und Überprüfen der Qualitätsziele dienen.

Prozessqualität

ist unmittelbar auf Behandlung, Betreuung, Beratung Erziehung usw. als Prozess bezogen.

➤ **-standards**
sind Maßstäbe, mit denen die gewünschte Ausprägung oder Häufigkeit des Auftretens relevanter Ereignisse oder Eigenschaften festgelegt werden.

➤ **Strukturqualität**
beschreibt die Rahmenbedingungen, unter denen die angesprochenen Leistungen oder Produkte erbracht werden.

Reflexion
ist das prüfende, vergleichende Nachdenken über eigene Handlungen, Gedanken und Empfindungen.

Ressourcenverantwortung
bedeutet die Übertragung der Verantwortung für die gegebenen Ressourcen (Geld, Sachmittel, Zeit …) an diejenigen, die damit arbeiten.

Sachverantwortung
meint die Verantwortung für die administrativen und auftragsgemäßen Vorgänge in der Verwaltungseinheit.

Supervision
ist die durch eine Beratungsperson angeleitete Reflexion der Praxis. Sie konzentriert sich auf die Möglichkeiten und Grenzen der persönlichen Handlungsperspektiven und auf die Entwicklung der handelnden Person.

Total Quality Management (TQM)
kann übersetzt werden mit „Umfassendes Qualitätsmanagement", ein in der Automobilbranche entwickeltes Konzept zur Qualitätsentwicklung und -sicherung. Es geht um einen ganzheitlichen Denkansatz: Nicht einzelne Phänomene im Qualitätsentwicklungsprozess, sondern das Unternehmen als Ganzes, d. h. auch alle Mitarbeiterinnen und Mitarbeiter, soll einbezogen werden. Die Grundsätze der Qualitätssicherung werden vom Endprodukt auf das ganze Unternehmen ausgeweitet.

Zielvereinbarung
ist das Ergebnis einer Aushandlung zwischen Führungskraft und Mitarbeiter/in in Bezug auf zu erreichende Ziele mit klarer Benennung von Verantwortlichen und Einzelaspekten (was, wie, wo, wann/bis wann).

Literatur

A) Titel zum Thema Qualität von Kindertageseinrichtungen

> Balageur, Irene/Mestres, Juan/Penn, Helen
Die Frage der Qualität in Kinderbetreuungseinrichtungen
Ein Diskussionspapier
Kommission der europäischen Gemeinschaft
Brüssel 1992.

> Bobzien, Monika/Stark, Wolfgang/Straus, Florian
Qualitätsmanagement.
Alling: Verlag Dr. Jürgen Sandmann 1996.

> Bronfenbrenner, Urie
Die Ökologie der menschlichen Entwicklung
Natürliche und geplante Experimente
Frankfurt am Main: Fischer 1989.

> Brunner, Ewald Johannes/Bauer, Petra/Volkmar, Susanne (Hg.)
Soziale Einrichtungen bewerten.
Theorie und Praxis der Qualitätssicherung
Freiburg: Lambertus 1998.

> Bundesministerium für Familie, Senioren, Frauen und Jugend (Hg.)
Materialien zur Qualitätssicherung in der Kinder- und Jugendhilfe.
QS 1–4
Bonn 1996.

> Colberg-Schrader, Hedi
Notprogramme reichen nicht
Rechtsanspruch auf einen Kindergartenplatz –
auch Anspruch auf Qualität für alle?
In: Welt des Kindes, Heft 1/96, S. 6–11.

> Deutsches Jugendinstitut (Hg.)
Projekt Orte für Kinder:
Statement zu reformstrategischen Konsequenzen aus
den Erfahrungen und Ergebnissen des Projekts. DJI-Papier 6–120.
München, März 1996.

> Diakonisches Werk der Evangelischen Kirche in Deutschland (Hg.)
Dokumentation „Qualitätssicherung in der Jugend- und Familien-
hilfe im Spannungsfeld zwischen Fachlichkeit, Kundenwünschen
und Wirtschaftlichkeit"
Stuttgart 1997.

> Dichans, Wolfgang
Kinder sind unsere Zukunft
Zur sozial- und fachpolitischen Verantwortung des Staates
für eine qualitative Weiterentwicklung
In: Eigensinn, Heft 1/97, 5. 12 f.

> Ehring, Ellen
Ziele finden, umsetzen und überprüfen
Qualitätsmanagement in Tageseinrichtungen für Kinder
In: Theorie und Praxis der Sozialpädagogik (TPS), Heft 2/97, S. 71–74.

> Erath, Peter
Die pädagogische Qualität in Tageseinrichtungen für Kinder
im Spannungsfeld von Fachlichkeit und „Kunden"erwartungen
In: Bayerischer Landesverband katholischer Tageseinrichtungen
für Kinder
Mitglieder-Info Nr. 1, März 1997.

> Erath, Peter
Qualität von Kindertageseinrichtungen
In: Hildegard Rieder-Aigner (Hg.)
Handbuch Kindertageseinrichtungen
Regensburg, Bonn: Walhalla 1994.

➤ Fortbildungswerk für sozialpädagogische Fachkräfte,
  Deutscher Verein für öffentliche und private Fürsorge (Hg.):
  Dokumentation Forum Kinderpolitik: Mindeststandards in
  der Kinderbetreuung – Qualität contra Quantität?
  Frankfurt/M. 1993.

➤ Fthenakis, Wassilios / Textor, Martin
  Qualität von Kinderbetreuung
  Weinheim und Basel: Beltz 1998.

➤ Fthenakis, Wassilios/Eirich, Hans (Hg.)
  Erziehungsqualität im Kindergarten.
  Forschungsergebnisse und Erfahrungen.
  Freiburg: Lambertus 1998

➤ Gerull, Peter
  Leistungsorientierung, Leistungsbeschreibung und Leistungs-
  erfassung, Ansätze für eine Qualitätssicherung in der Jugendhilfe.
  In: Unsere Jugend, Heft 9/1997.

➤ Haisch, Werner
  Soziale Dienstleistungen vor neuen Herausforderungen
  Grundlagen des Qualitätsmanagements
  In: Bayerischer Landesverband katholischer Tageseinrichtungen
  für Kinder
  Mitglieder-Info Nr. 1, März 1997.

➤ Hartlaub, Marei
  Wer über Qualität spricht, muss Kontrolle nicht fürchten
  Gute Absichten allein genügen nicht
  In: TPS, Heft 2/97, 5, 80–83.

➤ Hartmann, Waltraud / Stoll, Martina
  Mehr Qualität für Kinder
  Qualitätsstandards und Zukunftsperspektiven für den Kindergarten
  Wien: ÖBV1996.

➤ Heiner, Maja (Hg.)
  Qualitätsentwicklung durch Evaluation
  Freiburg im Breisgau: Lambertus 1996.

➤ Hessisches Ministerium für Umwelt, Energie, Jugend, Familie und
  Gesundheit (Hg.)
  Orte für Kinder
  Erfahrungen und Impulse aus Hessen
  Reihe Kindergarten Nr. 8
  Wiesbaden 1996.

➤ Hessisches Ministerium für Umwelt, Energie, Jugend,
  Familie und Gesundheit (Hg.)
  Fachberatung in Kindertagesstätten
  Arbeitsmaterialien aus einer Fortbildungsreihe
  im Rahmen des Hessischen Projektrings „Orte für Kinder"
  Wiesbaden 1996.

➤ Hildebrand, Rainer
  Benchmarking
  In: führen und wirtschaften im Krankenhaus (f&w)
  Heft 3/95, S. 244–250.

➤ Hildebrand, Rainer
  Qualitätsmanagement
  In: f&w, Heft 3/94, S.184–193.

➤ Hildebrand, Rainer
  Total Quality Management
  In: f&w, Heft 1/95, S. 31–42.

➤ Jakubeit, Gudrun
  Teams müssen „gewartet" werden
  Qualität durch Personalentwicklung
  In: Welt des Kindes, Heft 1/96, S. 16–19.

> Karsten, Maria-Eleonora
> Erziehungsarbeit und Kinderleben
> Einige Anmerkungen zu den Herausforderungen an das soziale
> Management für Kindereinrichtungen
> In: Welt des Kindes, Heft 5/95, S. 12–15.

> Katz, L.
> Qualität der Früherziehung in Betreuungseinrichtungen
> Fünf Perspektiven
> In: Tietze, Wolfgang (Hg.)
> Früherziehung
> Neuwied, Kriftel, Berlin: Luchterhand 1996.

> Köhler, Michael
> Geborgenheit ist gut, Controlling ist besser
> Wie rechnet sich ein Kindergarten?
> In: Welt des Kindes, Heft 1/96, S. 12–15.

> Lill, Gerlinde (Hg.):
> Von Abenteuer bis Zukunftsvisionen,
> Qualitätslexikon für Kindergartenprofis
> Neuwied, Kriftel, Berlin: Luchterhand 1998.

> Laewen, Hans-Joachim
> Unterwegs in schwierigen Zeiten,
> Zur Notwendigkeit der Formulierung eines Bildungsauftrags
> für Kindertagesstätten
> In: klein & groß, Heft 7–8/97.

> Meinhold, Marianne
> Qualitätssicherung und Qualitätsmanagement in der sozialen Arbeit
> Freiburg im Breisgau: Lambertus 1996.

> Meinhold, Marianne
> Wir müssen nicht bei Null beginnen
> Qualität und Qualitätssicherung in der sozialpädagogischen Arbeit
> In: TPS, Heft 2/97, S. 67–70.

> Miedaner, Lore
> Qualitätskriterien für Betreuungsangebote für Kinder im Schulalter
> In: TPS, Heft 3/92, S. 149–150.

> Müller, Burkhard
> Qualitätsprodukt Jugendhilfe
> Kritische Thesen und praktische Vorschläge
> Freiburg im Breisgau: Lambertus 1996.

> Netzwerk Kinderbetreuung (Hg.)
> Qualitätsziele in Einrichtungen für kleine Kinder
> Vorschläge für ein zehnjähriges Aktionsprogramm
> Brüssel 1996.

> Prott, Roger
> Trägerqualität
> Eigene Ansprüche offenlegen
> In: TPS, Heft 2/97, S. 91–93.

> Qualität beginnt im Kopf
> TPS-Interview mit Leitungskräften aus Wirtschaft und Sozialpädagogik
> In: TPS, Heft 2/97, S. 87–90.

> Rieder-Aigner, Hildegard
> Handbuch Kindertageseinrichtungen
> Regensburg, Bonn: Walhalla 1994.

> Schaffer, Christine
> Qualitätsmanagement in Kinderbetreuungstageseinrichtungen
> In: KiTa aktuell, Heft 10/97.

➤ Schenker, Ina/ Schmidt, Itta
Zwischen Verunsicherung und Offensive
Über den Qualifizierungsprozess in den neuen Bundesländern
In: TPS, Heft 2/97, S. 84–86.

➤ Schneider, Jean-Pierre
Völlig veraltet?
Die Qualitätsfrage im kirchlichen Kindergarten
In: Welt des Kindes, Heft 1/96, S .25–27.

➤ Schön, Donald A.
The Reflective Practitioner
How Professionals Think In Action
New York: Basic Books 1983.

➤ Tietze, Wolfgang (Hg.)
Früherziehung
Neuwied, Kriftel, Berlin: Luchterhand 1996.

➤ Tietze, Wolfgang/ Schuster, Käthe-Maria/ Roßbach, Hans-Günther
Kindergarten-Einschätz-Skala
Neuwied, Kriftel, Berlin: Luchterhand 1997.

➤ Tietze, Wolfgang (Hg.)
Wie gut sind unsere Kindergärten?
Neuwied, Kriftel, Berlin: Luchterhand 1998.

➤ Urban, Mathias
Fragt uns doch einfach mal!
Gemeinsam mit Kindern Qualität entwickeln
In: TPS, Heft 2/97, S. 94–96.

➤ Urban, Mathias
Reden wir mal über Qualität!
Qualitätsentwicklung in Kindertageseinrichtungen als dialogischer
Prozess
In: KiTa aktuell, Heft 10/97, S. 200 f.

➤ Vogt, Herbert
Qualität muss man anfasssen können
Über die Messbarkeit von Kindertagesbetreuung
In: TPS, Heft 2/97, S. 75–77.

➤ Wenzel, Peter
Einrichtung mit Gütesiegel
Qualitätsmanagement – Wie eine Norm zum Leitbild werden kann
In: Welt des des Kindes, Heft 1/96, S. 20–24.

➤ Wolf, Bernhard/ Conrad, Susanne/ Lischer, Petra
Erhebungsmethoden der „externen empirischen Evaluation" des
Modellversuchs „Kindersituationen".
Verein empirische Pädagogik 1997.

➤ Zink, Klaus J.
TQM als integratives Managementkonzept
Das europäische Qualitätsmodell und seine Umsetzung
München und Wien: Hanser 1995.

➤ Ziesche, Ulrike
Veränderungsprozesse initiieren und begleiten –
Kitaberatung mit neuem Selbstverständnis
In: Nachrichtendienst des Deutschen Vereins für öffentliche und
private Fürsorge (NDV) Heft 9/97, S. 270–276.

B) Einige Literaturangaben zum Situationsansatz und der mit ihm verknüpften 25jährigen Reformbewegung

➤ Amend, Marlies/Haberkorn, Rita/Hagemann, Ulrich/Seehausen, Harald
Modellprojekt Lebensraum Kindergarten.
Zur Gestaltung des pädagogischen Alltags in Ganztagseinrichtungen
Eschborn: Klotz 1992.

➤ Arbeitsgruppe Vorschulerziehung
Anregungen I: Zur pädagogischen Arbeit im Kindergarten
6. Auflage
Weinheim und München 1979.

➤ Arbeitsgruppe Vorschulerziehung
Anregungen II: Zur Ausstattung des Kindergartens
4. Auflage
Weinheim und München 1978.

➤ Arbeitsgruppe Vorschulerziehung
Anregungen III: Didaktische Einheiten im Kindergarten
1. Auflage
Weinheim und München 1979.

➤ Berger, Irene/Colberg-Schrader, Hedi/Krug, Marianne/Theresia Wunderlich (Hg.)
Land-Kinder-Gärten.
Ein Projektbuch des Deutschen Jugendinstituts.
Freiburg: Lambertus 1992.

➤ Colberg-Schrader, Hedi/Krug,Marianne
Soziales Lernen im Kindergarten
München: Kösel 1991.

➤ Deutsches Jugendinstitut (Hg.)
Orte für Kinder.
Auf der Suche nach neuen Wegen in der Kinderbetreuung
München 1994.

➤ Haberkorn, Rita/Hagemann, Ulrich/Seehausen, Harald
Kindergarten und soziale Dienste.
Praxisberichte zu ausgewählten Aspekten der pädagogischen Arbeit in Kindertages-
stätten sowie zur Zusammenarbeit mit der Erziehungsberatung
Freiburg: Lambertus 1988.

➤ Hessisches Ministerium für Umwelt, Energie, Jugend, Familie und Gesundheit (Hg.)
Orte für Kinder.
Erfahrungen und Impulse aus Hessen
Reihe Kindergarten Nr. 8
Wiesbaden 1996.

➤ Wunderlich, Theresia/Jansen, Frank (Hg.)
Kindergärten mit Gütesiegel?
Freiburg 1998.

➤ Zimmer, Jürgen (Hg.)
Curriculum-Entwicklung im Vorschulbereich
2 Bände
München 1971.

➤ Zimmer, Jürgen (Hg.)
Erziehung in früher Kindheit
Band 6 der Enzyklopädie Erziehungswissenschaft (Hg.: D. Lenzen)
Stuttgart: Klett-Cotta 1984.

➤ Zimmer, Jürgen/Preissing, Christa/Thiel, Thomas/Heck, Anne/Krappmann,Lothar
Kindergärten auf dem Prüfstand.
Dem Situationsansatz auf der Spur
Seelze/Velber: Kallmeyersche Verlagsbuchhandlung 1997.

➤ Zimmer, Jürgen (Hg.)
Praxisreihe zum Situationsansatz
Ravensburg: Ravensburger Buchverlag 1998.

Dank

Der Kronberger Kreis für Qualitätsentwicklung in Kindertageseinrichtungen ist eine freie, interdisziplinäre Arbeitsgemeinschaft reformorientierter Fachleute, die aus dem Hessischen Projektring „Orte für Kinder" hervorgegangen ist. Der Kreis hat sich 1995 nach Abschluss einer Fortbildung unter Leitung von Prof. Dr. Reinhart Wolff im Hessischen Projektring „Orte für Kinder" gegründet. Er besteht aus den Teilnehmerinnen und Teilnehmern der Seminarreihe, die nach dem Ende des Modellversuchs in eigener Initiative ihre Zusammenarbeit fortgesetzt und sich die Erörterung wissenschaftlicher und praktischer Fragen qualitativer Reform und Evaluation von Kindertageseinrichtungen – insbesondere die Erarbeitung dieses Konzepts zur dialogischen Qualitätsentwicklung – zur Aufgabe gemacht haben.

Die Gruppe arbeitet mit anderen Initiativen zusammen, deren Anliegen die prozessorientierte Reform und Qualitätsentwicklung von Kindertageseinrichtungen ist.

Die für den Arbeitskreis erforderlichen Mittel werden von den Mitgliedern in Eigenleistung und von fördernden Personen und Einrichtungen erbracht. Insbesondere die **Lindenstiftung für vorschulische Erziehung** hat durch ihre beherzte Förderung (durch die Übernahme der Sach- und Reisekosten) die Arbeit unserer Gruppe sehr unterstützt.

Mitglieder im Kronberger Kreis für Qualitätsentwicklung in Kindertageseinrichtungen sind:
Leena Brand, Rita Haberkorn, Karin Hahn, Anne Kebbe, Kirstin Meixner, Helene Messer, Gabriele Paries, Elke Siegel-Engelmann, Mathias Urban, Herbert Vogt, Irmgard Wagner, (alle aus dem Arbeitszusammenhang des Hessischen Projektrings „Orte für Kinder") sowie Reinhart Wolff von der Alice-Salomon-Fachhochschule in Berlin.

Sprecher des Kronberger Kreises für Qualitätsentwicklung in Kindertageseinrichtungen sind Rita Haberkorn und Mathias Urban.

Die Arbeit des Kronberger Kreises für Qualitätsentwicklung in Kindertageseinrichtungen wäre ohne die anregende Mitarbeit und tatkräftige Unterstützung vieler Personen nicht möglich gewesen. Zuerst die Personen, die als Teilnehmerinnen und Teilnehmer des Seminars im Hessischen Projektring „Orte für Kinder" an den ersten Diskussionen um die Qualität der Kindertageserziehung beteiligt waren, später aber aus unterschiedlichen Gründen nicht mehr mitarbeiten konnten. Es sind **Dorothea Dietz** (Fachberaterin aus Frankfurt am Main), **Peter Gehweiler** (Deutscher Paritätischer Wohlfahrtsverband), **Dagmar Geißler** (Caritasverband Wiesbaden) und **Ursula Sieg** (Fachberaterin aus Gießen).

Wir danken insbesondere **Ute Schlösser**, der engagierten Referentin für Kindertageseinrichtungen im Hessischen Ministerium für Umwelt, Energie, Jugend, Familie und Gesundheit. Sie hatte die Fortbildungsreihe angeregt (und die Finanzierung aus Landesmitteln ermöglicht), die letztlich alles ins Rollen gebracht hat.

Obwohl der Kronberger Kreis seinen Namen vom Ort des ersten Zusammentreffens hat – der Stadt Kronberg im Taunus – haben viele Arbeitstreffen im **Hessischen Fortbildungswerk für soziale Fachkräfte (FBW)** in Wiesbaden stattgefunden. Wir danken der Leiterin des Fortbildungswerks, **Regina Herrmann**, für ihre spontane Bereitschaft, unsere Arbeit auf unkomplizierte Weise zu unterstützen, indem sie uns Arbeitsräume und Übernachtungsmöglichkeiten zur Verfügung gestellt hat. Sie hat uns seither wiederholt die Veranstaltungen ihres Hauses als Forum angeboten, um unsere Arbeit einer breiten Fachöffentlichkeit vorzustellen. **Hans-Dieter Kammhöfer**, wissenschaftlicher Mitarbeiter des Fortbildungswerks, hat sich in seiner stets anregenden Art der Diskussion unserer ersten Entwürfe gestellt. **Christel Presbe**r und **Gerlinde Michel** haben als Mitarbeiterinnen in der Verwaltung des FBW freundlich unsere teils chaotische Terminplanung ertragen und regelmäßig unmögliche Anforderungen erfüllt.

Dr. Urte Finger-Trescher, die Leiterin der **Beratungsstelle für Eltern, Kinder und Jugendliche der Stadt Offenbach** hat uns bereitwillig aufgenommen und uns ihre Räume für mehrere Arbeitstagungen zur Verfügung gestellt, die wir mit ausgezeichnetem indischen Essen beschließen konnten.

Die Direktorin des Internationalen Sozialdienstes (ISD) in Frankfurt am Main, **Ingrid Baer**, hat uns freundlicherweise ermöglicht, in den Räumen des ISD – vor allem in der Schlussphase des Projekts – zu tagen. **Christiane Dodd** hat uns dabei auch mit Gebäck, Tee und Kaffee gut versorgt. Dafür bedanken wir uns.

Unser besonderer Dank gilt der **Lindenstiftung für vorschulische Erziehung**, die unsere Arbeit interessiert begleitet und von Anfang an auf unbürokratische Weise finanziell unterstützt hat. **Florian Lindemann,** Geschäftsführer der Lindenstiftung, hat als interessierter und kompetenter Gesprächspartner manche Anregung für unsere Arbeit gegeben. Den Hinweis auf die Lindenstiftung verdanken wir **Dr. Karin Sitte** von der **Freudenbergstiftung.**

Dr. Christa Preissing und **Dr. Elke Heller** haben sich als Wissenschaftliche Mitarbeiterinnen im Projekt „Kindersituationen" an der Freien Universität Berlin intensiv mit Fragen der Evaluation pädagogischer Praxis auseinandergesetzt. Der fachliche Dialog mit ihnen hat unserer Arbeit wichtige Impulse gegeben.

Wir freuen uns besonders, dass sich auch für die Zukunft eine enge Zusammenarbeit abzeichnet!

Dass es überhaupt soweit gekommen ist, verdanken wir **Prof. Dr. Jürgen Zimmer** von der Freien Universität Berlin. Ohne sein Beharren auf der Notwendigkeit einer grundlegenden Reform der Kindertageserziehung in Deutschland – und sein Vertrauen auf den Erfindungsreichtum der beteiligten Menschen – wäre vieles, was sich heute als „beste Fachpraxis" darstellt, kaum entstanden.

Weil eine angenehme Umgebung für kreatives Arbeiten förderlich, wenn nicht sogar Voraussetzung ist, muss an dieser Stelle die Gastfreundschaft von **Anne** und **Jürgen Kebbe** aus Lampertheim hervorgehoben werden. Sie haben uns zu langen Arbeitstagen und -nächten aufgenommen, Küche und Keller geöffnet und ertragen, dass wir die vielbeschäftigte Mutter auch noch am Wochenende dem Familienleben entzogen haben.

Die Autorinnen und Autoren

Leena Brand
Eschborn.
Sozialpädagogin, Fachberaterin und Sachgebietsleiterin für Kinder-
tagesstätten bei der Stadt Eschborn.
Arbeitsschwerpunkte: quantitative und qualitative Entwicklung
eines flächendeckenden Betreuungsangebots insbesondere für Kinder
mit Behinderungen und besonderem Betreuungsbedarf.
Moderatorin im Hessischen Projektring „Orte für Kinder"

Rita Haberkorn
Wiesbaden.
Erzieherin, Sozialpädagogin, Diplom-Pädagogin.
Wissenschaftliche Mitarbeiterin
im Deutschen Jugendinstitut (1972–1995).
Im Modellprojekt „Orte für Kinder" (DJI 1991–1994/95)
verantwortlich für den Hessischen Projektring.
In der Fortbildung von ErzieherInnen tätig.
Seit 1995 im Fachbereich Sozialpädagogik
an der Louise-Schroeder-Schule in Wiesbaden.
Seit 1997 Mitarbeiterin im Institut für den Situationsansatz
der Internationalen Akademie an der Freien Universität Berlin.
Zahlreiche Veröffentlichungen.

Karin Hahn
Maintal.
Sozialpädagogin/Heilpädagogin.
Fachdienstleiterin bei der Stadt Maintal.
Zuständig für: Konzeptentwicklung und Durchführung von Fortbildung
für städtische Kindertageseinrichtungen, Beratung freier Träger,
Koordination, Vernetzung und Öffnung des gesamten städtischen
Kinderbetreuungsbereichs.
Seit 1995 zusätzlich pädagogische Leiterin des Fachdienstes
„Hessisches Tagespflegebüro" (im Auftrag des Hessischen
Ministeriums für Umwelt, Energie, Jugend, Familie und Gesundheit).

Anne Kebbe
Lampertheim.
Erzieherin, Diplom-Sozialpädagogin,
Studium der Erziehungswissenschaft, Philosophie und Soziologie
Freiberufliche Fortbildnerin und Autorin.

Kirstin Meixner
Aschaffenburg.
Diplom-Pädagogin, Diplom-Sozialpädagogin, Erzieherin.
Freiberuflich tätig in Fortbildung, Teamberatung und Konzept-
erarbeitung.
Fachberaterin.

Helene Messer
Offenbach.
Diplom-Sozialpädagogin, psychoanalytische Pädagogin, Erzieherin.
Fachberaterin.
Mitarbeiterin der Beratungsstelle für Eltern, Kinder und Jugendliche
der Stadt Offenbach.
Freiberuflich tätig in Fortbildung und Konzepterarbeitung.

Gabriele Paries
Wiesbaden.
Diplom-Sozialpädagogin.
Landesjugendamt Hessen, Dezernat Kindertagesstätten.
Arbeitsschwerpunkte: Jugendhilfeplanung;
Qualitätsentwicklung im Kontext von Landesjugendbehörden.
Freiberuflich tätig als Fortbildnerin und Beraterin.

Elke Siegel-Engelmann
Marburg.
Sozialpädagogin
Fachberaterin für Kindertageseinrichtungen
der Universitätsstadt Marburg.

Mathias Urban
Wiesbaden.
Dr. Phil., Diplom-Pädagoge, Kunsterzieher.
Freiberuflich tätig in der Forschung, Beratung und Fortbildung
im Bereich der Kindertageserziehung.
Lehraufträge an der Johann-Wolfgang-Goethe-Universität
Frankfurt am Main und der Fachhochschule Wiesbaden.
Moderator im Hessischen Projektring „Orte für Kinder".
Freie Mitarbeit im Projekt „Betriebliche Förderung von Kinderbetreuung"
(DJI 1995–1997).
Langjähriges Engagement in Kinderläden und Elterninitiativen.

Herbert Vogt
Dreieich.
Grundschullehrer, Diplom-Pädagoge.
Redakteur bei der Fachzeitschrift „Theorie und Praxis der Sozial-
pädagogik – TPS" und freiberuflicher Fortbildner und Autor.
Moderator in den DJI-Projekten „Orte für Kinder" und
„Soziale Infrastruktur für Schulkinder". Zahlreiche Veröffentlichungen.

Irmgard Wagner
Darmstadt.
Diplom-Sozialpädagogin, stellvertretende Schulleiterin der evangeli-
schen Ausbildungsstätte für Sozialpädagogische Berufe und
Trägervertreterin des Kinderhauses im Elisabethenstift, Darmstadt.
Vorstandsmitglied im Pestalozzi-Fröbel-Verband, Berlin.

Reinhart Wolff
Berlin.
Prof. Dr., Hochschullehrer für Erziehungswissenschaft und
Soziologie an der Alice-Salomon-Fachhochschule Berlin.
Privatdozent an der Freien Universität Berlin.
Mitbegründer der Kinderläden und des Berliner Kinderschutz-Zentrums.
Familientherapeut und Organisationsberater in freier Praxis.

Kontaktadressen

Rita Haberkorn
Straße der Republik 11
65203 Wiesbaden
Tel. 0611/603114
Fax 0611/694324

Mathias Urban
Adelheidstraße 62
65185 Wiesbaden
Tel. 0611/9102336
Fax 0611/373282
e-mail: M.Urban@t-online.de